Movimientos literarios

José María Valverde

AULA ABIERTA SALVAT

Colección SALVAT TC TEMAS CLAVE

COLECCION SALVAT TC TEMAS CLAVE

Una publicación de. **SALVAT EDITORES, S. A.**

Dirección General: Juan Salvat

Un proyecto desarrollado
por la División Editorial

AULA ABIERTA SALVAT
Principe de Vergara, 32. Madrid-1.
Dirección: Raúl Rispa

MOVIMIENTOS LITERARIOS

D. L.: NA-460-1985
ISBN: 84-345-7801-8. Obra completa, rúst.
ISBN: 84-345-7902-2. Obra completa, cart.
ISBN: 84-345-7819-0. Tomo 15, rústica
ISBN: 84-345-7920-0. Tomo 15, cartoné

Composición: Tecnicomp

Fotomecánica: Progreso Gráfico

Impresión y encuadernación:
Gráficas Estella, S.A.
Estella (Navarra) - Marzo - 1985
Printed in Spain

Indice

*

● Las palabras señaladas con asterisco (*) se explican al final del texto de cada unidad de información, que llamamos módulo.

● Las flechas intercaladas en el texto (→) indican que el tema en cuestión se desarrolla con mayor detalle en otro módulo del libro, que se señala mediante el número que aparece sobre la flecha ($\xrightarrow{24}$)

● En algunos módulos aparecen textos recuadrados, que explican o completan puntos de especial interés con relación a los desarrollados en el texto.

● En la bibliografía se ha renunciado, generalmente, a señalar obras muy especializadas o extensas. Las que se reseñan poseen un nivel muy adecuado para adentrarse en los diversos temas abordados en este libro y en otros de la Colección Salvat TC Temas Clave.

1/Sentido de los movimientos literarios

La literatura siempre se ha dado en movimiento, en todos los sentidos de esta palabra, empezando por el del movimiento del sonido lingüístico –enmascarado por la escritura–, y terminando por el sentido –del que vamos a tratar aquí– de «movimiento literario», como tendencia, más o menos colectiva, de un grupo o de una época entera, a hablar de un modo nuevo, diferente, como «cambiando la moda». Cierto que en otros tiempos la velocidad del cambio histórico –en lo literario como en lo demás– no era tan grande como en nuestro siglo, y que, en civilizaciones exteriores a nuestra tradición occidental, podemos imaginar que reinaba un inmovilismo ritual, sagrado, que impedía toda modificación en la forma de poemas y canciones. Pero esto es una ilusión óptica: los especialistas en literatura china distinguen también épocas de diversos estilos, por más lento que fuera el cambio. Y es que la necesidad de renovación es parte de la literatura misma, tan esencial como el arrancar de una tradición previa que posibilite la comprensión. En efecto, la obra literaria –quizá digamos mejor «poética», para situarnos imaginativamente antes y al margen de la escritura– produce su efecto por una especial cualidad afortunada de su lenguaje, difícilmente analizable, pero en la cual es importante lo que el teórico ruso V. Shklovski llamó «extrañeza» (*ostranienie*), un cierto tono insólito que contribuye a que lo conocido nos parezca visto y oído por primera vez. No cabe enumerar qué elementos producen esa «extrañeza» –en unos casos, importa el vocabulario sorprendente; en otros, cuenta más el ritmo; en otros, el original enfoque descriptivo–: lo que aquí nos importa es que esa virtualidad del lenguaje literario puede llegar a perder su fuerza cuando se generaliza y dura largo tiempo. Entonces nuestra lectura se hace sólo repaso de lo consabido, y únicamente las grandes obras –los clásicos– continúan valiendo después de perdido el efecto de la novedad –o, mejor dicho, sólo ellas son capaces de renovar ese efecto en cada nueva relectura–. Es decir, no cabe disfrutar la literatura, pasada y actual, sin percibir su «extrañeza», en renovación constante, pero, por otro lado, si sólo valoramos las obras literarias en cuanto que representen «movimientos» más o menos novedosos, no recibiremos su impacto más hondo.

El tránsito de la escritura ideográfica a la escritura fonética fue un paso decisivo para que hubiera «literatura» en su sentido «literal». En la imagen, la piedra de Rosetta, cuya inscripción trilingüe en escritura jeroglífica *hierática o sacerdotal,* demótica, *o popular, y* griega *permitió al sabio francés J. F. Champolion descifrar la clave de equivalencias entre los signos ideográficos de los textos egipcios y los conceptos por ellos representados, permitiendo así la lectura de los numerosos papiros encontrados cuyo significado permanecía oculto, y abriendo con ello el hasta entonces extraño y oscuro mundo del Antiguo Egipto al conocimiento occidental.*

Pero quizá esta idea de la «extrañe-

Todo movimiento literario es obra de un grupo o de una generación: nunca de un individuo solo, por genial que sea. (Esquivel, Los poetas contemporáneos. *Casón del Buen Retiro, Madrid.)*

> «Una obra de arte surgirá como un valor positivo cuando reordene la estructura del periodo precedente: surgirá como un valor negativo si se apropia de la estructura sin cambiarla»
>
> (J. MUKAROVSKY)

za» resulte un tanto parcial y formalista: además de la necesidad intrínseca de «renovarse o perecer» que hay en el estilo literario, cambian también los temas, los problemas, las formas sociales, económicas, religiosas, etc., exigiendo desde fuera al escritor la renovación de su repertorio expresivo para hacerse cargo de ellas. Algunas veces, la relación es clara y explicable: así, el hecho de que la novela –libro narrativo– encaje bien en un ámbito doméstico de lectura, ha contribuido a hacerla florecer con la vida burguesa: pero es más difícil justificar por qué la naciente burguesía italiana usó para la poesía el endecasílabo –lo que sí salta a la vista es que no querían ya hacer versos como el clero ni como los trovadores–. En todo caso, si no vemos una obra literaria enmarcada en su «movimiento», no la vemos en absoluto como «literaria», y tanto valdría que nos dieran de ella un resumen o un informe de segunda mano. Incluso, ya hace mucho que se sugirió que la mejor historia de la literatura sería una «historia sin nombres», es decir, una historia de los estilos y los movimientos, como la cambiante base formal sobre la que surgen las grandes obras en su concreción. Algo así, en miniatura, hemos intentado esbozar en las páginas que siguen, aunque sin dejar de dar los nombres importantes, pues los movimientos literarios no son unos impulsos imperativos y objetivos que arrastren a los escritores en cada época, sino también, y aún más, los resultados de los esfuerzos creativos, personales aunque nunca solitarios, de quienes libraron esas grandes batallas revolucionarias en el fluir de la literatura.

Sistema literario y sincronía

> «La idea de un sistema puramente sincrónico es una ilusión. Cada sistema sincrónico tiene su pasado y su futuro como porciones inseparables del sistema. [...] El concepto de un sistema literario no coincide con el concepto de un periodo cronológico, como se piensa comúnmente, ya que se compone no sólo de obras literarias, cronológicamente cercanas, sino también de obras literarias extranjeras, que han sido asimiladas y de obras de periodos más antiguos. Por tanto, resulta insuficiente un catálogo indiscriminado de obras coexistentes. La jerarquía de las obras en una época dada es decisiva.»
>
> (Y. TYNYANOV y R. JAKOBSON)

2/Grecia, primer movimiento literario occidental

Los primeros pasos de la tradición literaria occidental tienen lugar en Grecia, de tal modo que sirven de referencia –más en forma que en contenido– para todos los desarrollos posteriores, aunque en buena medida a través del latín. Señalemos algunos aspectos de su movimiento: ante todo, el adoptar un modelo para su arranque, un «clásico», en Homero, o mejor dicho, en los grandes poemas homéricos –*Iliada* y *Odisea*–, ya que no es seguro que el autor fuera uno solo ni aun que existiera. Estos poemas (del siglo VIII a. de C.) tenían como tema unos hechos acontecidos un par de siglos antes, en otra situación social, y llegarían a tomarse como canon para la cultura griega otro par de siglos después. Es decir, desde el principio forma parte del hechizo de la literatura el alejamiento y la mitificación glorificadora, en cuanto propone modelos heroicos y en cuanto da títulos de legitimación para posteriores generaciones en dificultades. Además, la base homérica otorga, desde el principio, a la literatura occidental la posibilidad de un realismo nítido, luminoso, sin trasfondos de sombra. Poco después, la misma forma de poema épico se aplicaría de modo más instructivo y moral por parte de Hesíodo, quien, si por un lado explica las genealogías de los dioses, por otro presenta un conflicto de justicia social, en el mundo del trabajo agrícola. Luego, la poesía lírica, desde Arquíloco y Mimnermo a Píndaro –sin olvidar algún tono más placentero en Anacreonte, o más apasionado en Safo– continúa una lírica educativa para el carácter y el temple de las clases aristocráticas. Como es sabido, la evolución social de Atenas lleva luego a un tenso equilibrio entre la nobleza tradicional y la nueva clase media, comercial y agrícola, al principio con el poder en manos de una

Todas las imágenes de Homero son piadosas invenciones: en ellas, el ciego cantor parece mirar las escenas de su imaginación. (Arte Helenístico, Homero. *Museo Arqueológico, Nápoles.)*

La nitidez del dibujo en la cerámica subraya el creciente realismo humano del teatro griego, a pesar de su inicial arranque religioso. (Museo Nacional, Nápoles.)

Dos visiones morales en Grecia

«Oh reyes, observad bien este castigo, también vosotros: pues los dioses inmortales están muy cerca, entre los hombres, y señalan a los que se destruyen unos a otros con juicios torcidos, desdeñando la venganza de los dioses. Pues sobre la tierra que alimenta a tantos, hay treinta mil observadores puestos por Zeus para vigilar a los mortales hombres: ellos vigilan los juicios y las malas acciones mientras caminan, envueltos en niebla, por toda la tierra.»
(Hesiodo: *Trabajos y días*)

«Igual que las hojas que trae la florida estación primaveral cuando crecen deprisa a la luz del sol, igual que ellas, disfrutamos las flores de nuestra juventud durante un breve plazo de tiempo, sin saber si los dioses nos reservan algo bueno o malo. Pero los negros Hados se yerguen ante nosotros dándonos como destino una vejez llena de sufrimiento, la otra muerte. El fruto de la juventud es efímero, tan corto como el tiempo en que el sol se extiende por la tierra. Pero cuando pasa el tiempo de la madurez, en seguida es mejor la muerte que la vida. Pues un gran sufrimiento invade el corazón. A veces queda asolado el hogar, y viene el doloroso trabajo de la pobreza: uno no tiene hijos y baja a la tierra deseándolos más que nada: otro es presa de enfermedad asoladora. No hay mortal a quien Zeus no dé muchos males.»
(Mimnermo)

suerte de árbitro –tirano–, luego en democracia directa. En esa difícil competencia de clases asume un papel clave la tragedia –sobre todo, en los dos primeros de sus tres máximos autores, Esquilo y Sófocles. Es un teatro que recuerda los grandes mitos en que se basa la ciudad, las interacciones de los dioses patrios, todos ellos bajo el Super-Dios, el Hado, la fatalidad a que han de someterse los mismos dioses, y que destruye a quien no la siga, aunque sea por ignorancia o por azar. Se comprende que incluso se subvencionara al pueblo para que no dejara de asistir a la larga fiesta anual de varias piezas teatrales en secuencia: ahí estaba la glorificación de las raíces de su sociedad. El tercer gran trágico, Eurípides (480-406 a. de C.), en cambio, resulta demasiado humano y racionalista y poco creyente en la mitología y el Hado –de ahí su relativo fracaso–. Los tiempos maduran, mientras, para la comedia de Aristófanes (445-386 a. de C.), de gran fantasía de montaje, pero muy directa en sus ataques, que hacían reír al mismo pueblo contra el que políticamente estaba ese escritor. Esta paradoja social aumenta con Platón (427-347 a. de C.), autor de la más bella prosa griega y padre de la filosofía: su mente nobiliaria se orienta a una esfera celestial de ideas puras, de la cual las cosas de este bajo mundo son torpes copias, pero esta teoría idealista se expone en diálogos vivaces y realistas, en tono cotidiano, a menudo humorístico. Mientras tanto, con Heródoto (484-425 a. de C.), Tucídides (471-402 antes de C.) y Jenofonte (434-355 a. de C.) empieza a escribirse una historia digna de tal nombre, empeñada en dar cuenta de la realidad, incluso psicológica, de los personajes. Parece, pues, que en la época áurea de la literatura griega se ha dado el paso decisivo para el porvenir: cultivar formas y tonos que no estén vinculados servilmente a los intereses dominantes, ni aun de los mismos que escriben. Después viene la época «alejandrina»: queda atrás la Ciudad-Estado y se establece una mentalidad universalista, que da lugar al intimismo y la delicadeza –Teócrito– y al gusto por la literatura como erudición y repaso de lo pasado –se hacen antologías, surgen los estudios filológicos–. Pero la literatura escrita en griego continúa como parte del Imperio romano.

La perfecta acústica de los teatros griegos permitía no perder una sílaba de los versos –en el caso de los coros, cantados e incluso bailados–. (Teatro de Epidauro.)

3/La literatura en Roma

En el espacio romano se prolonga la literatura escrita en griego, no solo porque se hereda como modelo y referencia clásica, sino también porque la ejercen algunos escritores: Plutarco, precisamente, compone sus *Vidas paralelas* sobre el supuesto que da lugar a la idea de «clásico», a saber, que a cada ejemplo griego ha de corresponder otro latino. Pero, aparte de algún autor genial y un tanto marginal, como Luciano, es significativo que todo un emperador romano, Marco Aurelio, escriba en griego porque ésa era la lengua más propia de la filosofía –en cuya escuela estoica él se incluye–. El estoicismo, sereno, desesperanzado, pero activo en el mundo, domina en la literatura latina: Lucrecio (98-55 a. de C.) expresa en un gran poema la filosofía complementaria de la estoica, la epicúrea, y oradores y moralistas como Cicerón (106-43 a. de C.) y el cordobés Séneca (4 a. de C.-65 d. de C.) dan voz a aquella mentalidad, así como los grandes historiadores Julio César (100-44 a. de C.), Tito Livio (59 a. de C.-17 d. de C.) y Tácito (55-120). En todos ellos hay una cierta unidad de estilo, conforme a esa visión del mundo, que no espera nada de lo que pueda haber de divino en el cosmos –por más que, para uso del pueblo, se crea conveniente conservar la mitología oficial, trasplantada en buena medida de Grecia–, pero que cree en el valor de la moral humana, en el equilibrio y el dominio del ánimo: una actitud que, por pesimista que parezca, se conciliaba muy bien con la energía activa de aquellos hombres que animaron la expansión y consolidación del Imperio. Sin duda, es la poesía donde más creativa resulta el alma romana: los poetas más característicos son Virgilio (71-19 a. de C.), quien, además de elevar el nivel de la poesía campestre que arrancaba del griego Teócrito, escribe un gran poema neohomérico, la *Eneida*, que, incluso por su tema, quiere hacer a los romanos de estirpe griega. Más propiamente lírico, pero también con mucho de bucólico y agrario es Horacio (65-8 a. de C.), mientras que Ovidio (43 a. de C.-18 d. de C.), con mayor complejidad anímica, alterna las nuevas versiones de los mitos con elegías de destierro. Hay otras líneas de poesía menor, la erótica (con modelo en Catulo, 87-54 a. de C.) y la satírica de costumbres, con el español Marcial (40-104) y con Juvenal (65-135). Conviene señalar que, al lado de esta línea, más o menos elevada en lenguaje, quedaba otra literatura de acento más realista, incluso coloquial: en teatro, partiendo del modelo de Menandro, las comedias de Plauto y Terencio; en narrativa, los relatos –no «novelas» pro-

Sin pretender ninguna originalidad ideológica, Cicerón establece el modelo retórico de exposición y tratamiento de todo tema. (Cicerón, Museo Capitolino, Roma.)

> «Por toda la literatura latina corre una vena de oratoria, siempre hay una deliberada elevación de tono para conseguir la atención y la simpatía de los lectores, o mejor dicho, de los oyentes... La retórica formaba parte de toda educación elevada. Pero quizá había otras razones para el gusto de los romanos por la oratoria. Quizá se debiera a su natural tendencia a moralizar, a presentar modelos morales. No se puede convencer a un oyente con argumentos para que acepte un ideal moral, pues un ideal no es asunto de intelecto ni de razón. Solo se puede esperar conseguir su asentimiento y aprobación presentándolo con habilidad y persuasión, moviendo sus sentimientos, incluso abrumándole en un torrente de emoción desbordada hasta que se rinda a su apelación.»
>
> (BARROW: *Los romanos*)

El sentido imperial y político es elemento esencial de la gran literatura latina y le da su peculiar acento «público». (Foro, *Roma.)*

Muy curioso y muy romano y muy retórico, San Agustín crea la «teología de la historia» al ver caer el Imperio romano. (Miniatura, Ciudad de Dios, *Siglo XV. Biblioteca de Santa Genoveva, París.)*

Actual reparación de esta estatua: ¿quizá por la profecía de que el mundo se va acabar cuando pierda del todo su brillo áureo? (Marco Aurelio, *Roma.)*

piamente– de Petronio y de Apuleyo. Pero, dentro de la marcha de conjunto de la literatura occidental, hay que decir que, si la literatura latina se desarrolla como variación sobre el gran tema griego, para la posteridad, a su vez, será adoptada como la referencia clásica más directa y eficaz, no sólo por su valor intrínseco y por lo que tiene de legado helénico, sino por el hecho de que el Cristianismo, en su área occidental, centrada en Roma, adoptara el latín como lengua oficial, a través de los siglos, aun después que dejó de ser lengua hablada. Por eso resulta imposible valorar objetivamente qué pudo ser la literatura latina en su valor intrínseco y en su propio tiempo: todo en ella nos resulta base y forma de la posterior cultura de Occidente.

Las formas literarias latinas, así, serían usadas, casi intactas, por nuevos escritores cristianos, aparte del uso propiamente eclesiástico, centrado en la aplicación oficial de la *Vulgata,* la versión latina de la Biblia hecha por San Jerónimo. Esa adaptación dio lugar a curiosos efectos de estilo en la poesía de nueva temática –Ausonio–: en algún caso, llega a haber una peculiar tensión expresiva, como en las *Confesiones* de San Agustín, donde el autor, escribiendo mientras se hunde Roma, presenta un análisis interior con penetración muy moderna, pero conservando la más formalizada retórica tradicional.

4/La narrativa medieval: de la epopeya a la novela

¿Cómo evoluciona el arte de narrar, desde que las invasiones de los pueblos llamados bárbaros derriban el Imperio romano hasta la irrupción de la imprenta, a finales del siglo XV? De aquella «noche de los tiempos» nos llegan imágenes de poetas-guerreros que cantaban las hazañas de egregios héroes, pero las primeras epopeyas de que quedan restos escritos ya son bastante posteriores a las gestas que exaltan –igual que había ocurrido con las epopeyas homéricas–: el Teodorico godo y el Beowulf sajón, del siglo VI, así como los Nibelungos, cuya materia data del siglo VIII, tardan siglos en convertirse en los poemas conservados. Curioso es el caso del emperador Carlomagno, que en el siglo IX manda reunir viejas epopeyas para que no se pierdan, y que luego será él mismo personaje de poemas como la *Chanson de Roland* francesa (hacia 1090). Por contraste, el castellano *Cantar del Cid* (de hacia 1140, según unos; de hacia 1200, según otros) no está tan lejos de su héroe en el tiempo y muestra un sobrio realismo insólito. Pero, con el tiempo, ese mundo épico, lejanas ya las grandes guerras de invasión, encuentra una metamorfosis literaria en la sociedad caballeresca, es decir, en los ambientes de los señores feudales, apoyados por una nueva clase armada, los «caballeros», que transforman lo épico en un estímulo y una legitimación ennoblecedora para su propia condición. Esto da lugar a la «novela cortés», ya material para la lectura –eso sí, en voz alta–, no para el canto salmodiado, y dirigida en especial a las damas, en ricos códices miniados, y en unos versos ya capaces de sugestiones sentimentales –la mujer va a adquirir una nueva dignidad, con los trovadores →5–: ahora los combates de ejércitos importan menos que las aventuras mágicas y amorosas, donde el caballero lucha por su cuenta y riesgo. Chrétien de Troyes (1135-1190) introduce un vasto mundo de oscuros mitos, sobre todo en *Perceval,* o *Santo Graal,* a lo que se suma algún otro tema independiente, como el de Tristán e Isolda. Todo eso irá a derivar a las novelas de caballerías –en prosa, con ecos poéticos, luego, en buena parte del Romancero castellano– hasta los Amadises y Palmerines que llegan al siglo XVI: de ello también surgirá la novela sentimental en el siglo XV. Pero el creciente sentir burgués no se contentaba con la literatura caballeresca: poco a poco surgen, como acumulación de pequeños relatos, otros tipos de narrativa más realista, alguna vez con animales –*Roman de Renart*–. Durante algún tiempo estos géneros, cada vez más humorísticos y atrevidos, se dan en

«Los cristianos tienen derecho (o razón), los paganos, no» (on tort)*: así de claro estaba todo en esa época.*

(Muerte de Roland, Miniatura en Grandes Crónicas de Francia. *Biblioteca Nacional, París.)*

Ahora ya el libro *es lo que rige la literatura, en lo que piensa el autor al componer, más que en su impulso de canto o relato ante oyentes.*
(Erec *y* Enida *de* Chrétien de Troyes.)

«La epopeya histórica es, efectivamente, historia, al menos en cuanto que evoca condiciones históricas reales y en cuanto que sus personajes siempre cumplen una función histórico-social. Este elemento histórico-político se abandona en la novela cortesana, que, por tanto, tiene una relación completamente nueva con el mundo objetivo de la realidad... Excepto hechos de armas y amores, no puede ocurrir nada en la novela cortesana –e incluso esas dos cosas son de una índole especial–: no son sucesos ni emociones que puedan estar ausentes durante algún tiempo; están permanentemente conectados con la persona del caballero perfecto, son parte de su definición, de modo que él no puede estar ni un momento sin aventura en armas ni sin enredo amoroso.»
(AUERBACH: *Mimesis*)

Una incipiente mentalidad secular y burguesa permite un realismo bienhumorado, en que se puede jugar aún con lo eclesial. (Miniatura en Cuentos de Canterbury, *de Chaucer. Siglo XVI. Museo Británico, Londres.)*

verso, hasta encontrar sus grandes obras maestras en el *Libro de Buen Amor* del Arcipreste de Hita y los *Cuentos de Canterbury* de Chaucer –ambos en el siglo XIV–, cuyo mayor encanto, sobre todo en aquél, está en su estructura abierta de miscelánea, donde caben también burlonas reflexiones sobre la vida. Mientras, don Juan Manuel (1282-1348) ha elevado el breve «sucedido» en prosa a la categoría de arte, consciente y deliberado en su sencillez: poco después, Boccaccio en el *Decamerón,* ya en el prerenacimiento italiano, recoge la vena realista y picante del Arcipreste y Chaucer en una prosa a la vez elegante y simple, en su centenar de cuentos eróticos. La imprenta, cuando llegue, tendrá más que hacer con la fantasía –caballerías y sentimentalidades cortesanas– que con la continuación de esa línea realista.

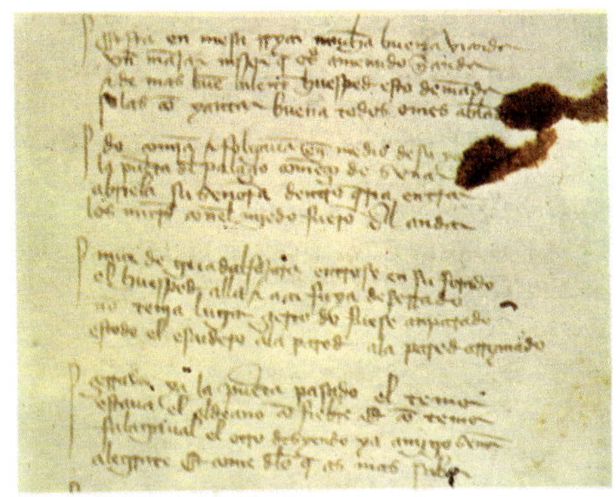

Arriba, un relato del Decamerón *de Boccaccio: la truculencia sanguinaria se complementa con lo erótico. (Botticelli,* Historia de Nastaglio. *Museo del Prado, Madrid.)*

El presunto Arcipreste de Hita parece poco respetuoso con esa clase bien establecida que eran los propios arciprestes. (Fragmento del Libro de Buen Amor. *Biblioteca Nacional, Madrid.)*

5/El movimiento trovadoresco

Algo más que los «cantautores» de hoy eran los antiguos «trovadores»: a menudo dejaban a los «juglares» la tarea de la interpretación, reservándose la creación. (Alfonso X, Cantigas. *«Juglares ante damas y caballeros». Siglo XIII. Monasterio de El Escorial.)*

El primer movimiento que prepara el desarrollo de la lírica occidental hasta nuestros tiempos es el de unos poetas que florecen en el tránsito del siglo XII al XIII, los «trovadores» *(troubadours,* en su lengua básica, que suele llamarse «provenzal», aunque era un habla del Languedoc; *trouvères,* en su derivación francesa; *Minnesänger* en sus paralelos alemanes; también hay poetas en galaico-portugués, afines, aunque a medias, a esta tendencia). Socialmente, esta innovación en la vida poética –ya no centrada en lo clerical ni en lo popular, sino en un nuevo tipo de profesionales seculares, asistidos por intérpretes, los «juglares»–, se enmarca en el ambiente de la «caballería». En efecto: los señores feudales se habían rodeado de la nueva fuerza, a que aludíamos en el apartado anterior, los «caballeros», dueños de caballos, armaduras y escuderos, al principio servidores del castillo, pero luego, al recibir propiedades y hacerse hereditarios e independientes, sólo vinculados ya por un pacto que podían romper para cambiar de señor. Esta nueva clase trae un nuevo tono a la vida social, incluso en la poesía; un tono más formalista y excluyente que el de los propios grandes señores, quienes, seguros de sí mismos, podían compartir su lenguaje con el pueblo. Los «caballeros», sobre todo, quieren distinguirse de la aún incipiente burguesía de la naciente ciudad –«burgo»–, contraponiendo su estilo y su código de honor al dinero, aún escaso, de los primeros negociantes. Se toma entonces como nuevo motivo central para la poesía el de la «señora»: hasta entonces, la lírica amorosa había consistido, sobre todo, en que la muchacha suspiraba por el hombre que vendría o no vendría; desde ahora, y hasta nuestro siglo, es el hombre quien se arrodilla ante la mujer –la «señora»– pidiéndole su amor, como un vasallo ante su señor –al principio, se la llama incluso en masculino, *midons,* «mi señor», *mia senhor,* en gallego–. Quizá contribuyera a eso el que las señoras de los castillos de esa región, en la frecuente ausencia de los maridos en guerras o cruzadas, asumían sus poderes; en todo caso, como preceptúa el código del que se llama por antonomasia «amor cortés», amor cortesano, del capellán André, sólo la señora casada sirve para este juego poético, probablemente aceptado a menudo por el marido noble, como quien hoy da propina al cantor de *trattoria* italiana para que entone una trova a su señora. Pero, formalmente, en este cortejamiento presuntamente adulterino, el marido es llamado el «celoso» (*gelós*), azuzado por delatores maliciosos, y hay que designar a la señora sin decir su nombre, bajo una *senhal,* todo lo cual contribuye a la frecuente obscuridad del estilo, *trobar clus* (cerrado), que, sin embargo, tiene su raíz más honda en otra cosa, en la voluntad de distinguirse de la mayoría (plebe, clero y apenas naciente burguesía). Claro que ese tema amoroso, aunque sea central, y aunque falsee durante siglos la poesía occidental –como si todo dependiera de la libre voluntad de la amada–, no es el único: los cantos de los trovadores tienen también temas satíricos y políticos (en el *sirventés*), fúnebres (*planh*), motivos eróticos en el «derecho de pernada» con las plebeyas (*pastorelas*), o describiendo separaciones amorosas (*albas*), y duelos verbales (la *tensó*, si es en contraposición; el *partimen,* si es en desafío de ingenio, dejando a elegir al rival entre una alternativa); o incluso el puro juego verbal sin tema. El hecho de que el primer gran trovador sea el noveno Duque de Aquitania, Guilhem de Peitieu (1086-1126), indica que la actitud de «vasallo» ante la amada «señora» no tiene por qué responder a la realidad. En francés los *trouvères* y en alemán los *Minnesänger* –o dicho a la antigua, *Minnesinger*– siguen menos las convenciones provenzales –los galaico-portugueses incluso conservan mucho de la vieja lírica popular, a menudo en boca de muchachas–. Los trovadores del «amor cortés» esbozan la primera pauta de la lírica europea sucesiva, no tanto por el valor sentimental de su tema, cuanto por el riguroso sistema formal a que sujetan el lenguaje poético.

Los caballeros, al principio hombres bien armados al servicio de los grandes señores: poco a poco, se hacen una nueva clase auxiliar.

(*Miniatura napolitana.* Caballero. *Siglo XIV.* Biblioteca Nacional, Florencia.)

(La ofrenda del corazón, *tapiz, talleres de Arrás. Siglo XV. Museo de Cluny.) Empieza entonces la ficción secular de la poesía amorosa: que el hombre se declare siervo de la mujer a quien ama.*

«Haré una nueva canción
antes que sople el viento y llueva y hiele.
Mi señora me pone a prueba
para ver cómo la amo.
Bien, haga lo que haga con ese motivo
no me soltará de su vínculo.
Al contrario, me hago su siervo, me entrego a ella.
y ella puede escribir mi nombre en su registro.
No creáis que estoy borracho
si amo a mi virtuosa señora,
pues sin ella no tengo vida;
tan gran hambre tengo de su amor.
Que eres más blanca que el marfil,
por lo que no adoro a otra.
Si no recibo pronto ayuda
y mi señora no me da amor,
moriré, por la cabeza de San Gregorio,
si no me besa en un cuarto o bajo un árbol...»

(GUILLERMO IX DE AQUITANIA)

6/Del «dulce estilo nuevo» al humanismo

El impulso poético introducido por los trovadores cambia de sentido al ser recogido, poco después, por las nacientes «ciudades-Estado» italianas –Florencia es la más típica de ellas, y la que marca el tono literario y artístico–. Allí es la incipiente burguesía la que se hace cargo de la lírica –los primeros poetas del que adopta el título de *dolce stil novo* pertenecen al ambiente de los abogados y los notarios–. El tema amoroso sigue siendo central, como para los trovadores, pero sufre un cambio decisivo: la «señora» se eleva y se idealiza, hasta volverse una figura casi abstracta y simbólica, tal vez inexistente en la realidad –en todo caso, añorada sin esperanza, porque ha desdeñado al poeta para casarse con otro, o, más típicamente, porque ha muerto–. La capacidad para tal amor de alcance ideal, metafísico y religioso, es lo que distingue a la nueva clase ascendente, basada en la excelencia del individuo, frente a la nobleza y sus caballeros –apoyados en la herencia y en la estima. Así lo proclama Guido Guinizelli (1230-1276) en su poema *Al cor gentil,* auténtico manifiesto revolucionario bajo aspecto de disertación sobre el amor: el «corazón gentil» es lo que pone al nuevo hombre –precursor ya del Renacimiento– por encima del «hombre altanero» que presume solo de su linaje. Ese corazón gentil se expresa amando, de un modo absoluto y casi místico, a la señora, la *madonna,* a la que el poeta ve situada incluso por encima de los ángeles del Paraíso, y a la cual, por tanto, no cree que sea pecado amar.

Dante Alighieri (1265-1321) reúne este sentir –el amor a Beatriz, muerta aún muy joven, pero ya antes transformada por él en una sublime enti-

La inspiración poética como don superior

«Debéis recordar que, aunque los deleites de la poesía son muy gustosos, solo pueden entenderlos del todo los más raros genios, que no se curan [(cuidan)] de la riqueza y tienen un señalado desprecio a las cosas de este mundo, y que están dotados por la naturaleza especialmente de una peculiar elevación y libertad del alma. Por tanto, según están de acuerdo la experiencia y la autoridad de los más doctos, en ninguna otra rama del arte puede lograr tan poco la mera diligencia y la aplicación.»

(PETRARCA)

La pasión política de Dante, exiliado de Florencia, forma parte de su visión cósmica en la Divina Comedia, *síntesis de la mente medieval. (A. del Castagno,* Dante. *Galería de los Uffizi, Florencia.)*

Ya un literato a lo moderno, dominador e imitador de la tradición, consciente de su posición en los siglos, Petrarca inicia la idea de las «edades» históricas. (A. del Castagno, Petrarca.)

dad que iluminaba el mundo entero–, con la visión del mundo conforme a la teología y la cosmología de la escolástica medieval. En su *Divina Comedia,* en efecto, recorre los círculos del Infierno, los del Purgatorio –hasta aquí, acompañado por Virgilio–, y los del Paraíso, donde encuentra a Beatriz, en la «gran rosa» de los bienaventurados, sobre la cual se eleva una cruz entre estrellas. El tema de la mujer idealizada –la *madonna*– seguirá siendo central en la evolución de esta corriente literaria que, sin embargo, va tomando un nuevo cariz, al abandonar la referencia a la teología escolástica, para empaparse cada vez más de los clásicos paganos –sobre todo los latinos–, incluso esforzándose por usar un elegante latín más puro que el de los teólogos y más exquisito que la nueva lengua románica –en esta área geográfica, el toscano, o sea, el italiano–. Estamos ya entrando en el «humanismo», cuyo arquetipo es Petrarca (1304-1374), quien creyó que su obra en latín perduraría más que sus versos en italiano –principalmente, el vasto *Canzoniere* que reúne alrededor de cuatrocientas exquisitas poesías con un solo tema en dos variantes: Laura, amada en vano a lo largo de veinte años, y Laura después de su muerte (no está claro quién pudo ser realmente Laura, ni si existió realmente o fue *l'aura,* «el aura»). Petrarca establece el lenguaje y el sistema formal a que se atiene la poesía europea sucesiva –sobre todo hasta el siglo XVII, pero sin desaparecer en lo sucesivo–: fina psicología en el análisis de los sentimientos, fuerte carga de conceptos teóricos —secularizando algunas ideas religiosas para su uso amoroso–, lengua selecta, pero no lejana a la lengua realmente hablada en un nivel social de temprana burguesía...

Pero dentro de la época del humanismo –hasta alrededor de 1500–, la poesía lírica viene a ser en cierto modo una derivación del mundo del pensamiento, de la cultura intelectual, que vuelve la mirada a la Antigüedad como a su punto ideal de partida –es una época en que el platonismo se ha mezclado con el cristianismo, para prevalecer intelectualmente sobre éste–, de camino a la esfera de las Ideas eternas de las que nuestro mundo real no sería más que una torpe copia.

Dijo el poeta, Florencia, «sobria y púdica», «estaba en paz dentro del cerco antiguo» (de sus murallas): la realidad fue de luchas y agitaciones. (D. Ghirlandaio, Fresco de la vida florentina. Capilla Sassetti, iglesia de Santa Trinidad, Florencia.*)*

La pietas *del héroe virgiliano, Eneas, hacia su padre, tiene eco en la devoción de Dante hacia Virgilio, tomándole como guía en la ultratumba.* (Dante y Virgilio entran en los Infiernos.*)*

7/El movimiento renacentista: sentido general

Iría en contra del sentido mismo del Renacimiento separar su dimensión de «movimiento literario» dentro del conjunto de ese vasto movimiento espíritual europeo, con raíz y centro en Italia. Pues precisamente el Renacimiento se basó en la creencia en la unidad de todo, unidad que el hombre puede conquistar y hacer suya, incluso abrazando a Dios en su alma individual. (Por eso, en el orden religioso, el espíritu pre-renacentista, partiendo de la mística franciscana y nórdica, hará saltar las formas eclesiales, al preparar la Reforma, a la que se ha llamado el «Renacimiento germánico». Sin embargo, literariamente y en todo, la Reforma no asumió el estilo italiano renacentista: Lutero, en especial, tenía a la vez acentos medievales y de nuestro propio tiempo.) Volviendo a esa fe en la unidad universal, ella da lugar a un lenguaje común para toda la vida cultural: el poeta, el erudito humanista, el filósofo y el científico escriben en el mismo tono y no se consideran separados. La poesía, especialmente, se presenta, ante todo, como cultura histórica, instrucción y análisis de la naturaleza y del alma: sus formas siguen siendo las consagradas desde Dante y Petrarca, y se extenderán a otras lenguas, mientras que el tema del amor ideal sigue siendo central, pero en torno a él surge una creciente riqueza de motivos –por ejemplo, el creciente conocimiento de la Antigüedad da lugar a la aparición de la «fábula mitológica» como variación refinada y fantasiosa sobre un tema clásico–. Pero, por más que se cuente con la referencia al canon de la Antigüedad, el escritor del Renacimiento empieza a creerse capaz de superarlo (así lo dice Fray Luis de León: «... que [a] lo antiguo/iguala y pasa el nuevo/estilo..»). La literatura del Renacimiento, ciertamente, es muy formalista, y solo lentamente va ampliando su temática, hasta dejar atrás la monotonía de Petrarca, pero eso ocurre así por estar centrada y absorta en el estudio del espíritu humano, cada vez más consciente de su riqueza interior y sus vastas posibilidades de expansión exterior –descubrimientos de nuevos continentes, preparación de una ciencia nueva, refinamiento de las artes visuales...–. El hombre se admira a sí mismo, bien sea que se vea –siguiendo a Marsilio Ficino– como vicario de Dios y centro del Universo, en correspondencia de los planetas y signos zodiacales (macrocosmos) con su propio cuerpo

Platón eleva la mano hacia el mundo de las Ideas, mientras Aristóteles señala hacia la realidad concreta de las cosas: así se integra el pensamiento griego. (Rafael, Escuela de Atenas. *Museo Vaticano.)*

(microcosmos), o bien –siguiendo a Pico della Mirandola– como un ser aparte, capaz de identificarse con todo, «como un camaleón», y, si se esfuerza, de ser tan luminoso como los ángeles, y aun de poseer al mismo Dios en el fondo de su espíritu. Esta segunda visión es más moderna y está más de acuerdo con la idea del universo que introduce entonces Copérnico, en que la tierra, morada del hombre, ya no es lo que está en el centro, sino el sol, «farol y ojo de Dios», mientras que el hombre lleva consigo el verdadero centro del mundo, el espíritu. Por eso, el hombre renacentista –y en especial el escritor–, pudiendo serlo y poseerlo todo, no quiere renunciar a nada ni especializarse: su ideal es ser, a la vez, poeta, artista, músico, guerrero, galán, erudito, latinista, científico... Pero, a la vez, y esto contribuirá a que tal polifacetismo resulte a la larga imposible, el hombre renacentista reconoce la exigencia de la perfección técnica: en la poesía, y en general, en la literatura, todo está medido y controlado hasta el detalle, con arreglo a cánones que se consideran tan ideales y universales como las matemáticas, y que, a la vez, reflejan respetuosamente las formas heredadas de los clásicos de la Antigüedad. Como movimiento literario, cabe decir que el Renacimiento es la puesta en marcha de un proceso que acabará, en definitiva, en nuestro tiempo, sin ruptura, pero llegando hoy a resultados diametralmente opuestos a ese arranque, intentando en vano agotar y negar el gran sistema de formas que estableció el Renacimiento y que todavía no sabemos cuándo –ni si– podrá ser olvidado y sustituido por otro.

La letra cursiva (itálica) que empleamos aquí, en contraste con la «redonda», fue creación del impresor veneciano Aldo Manucio.

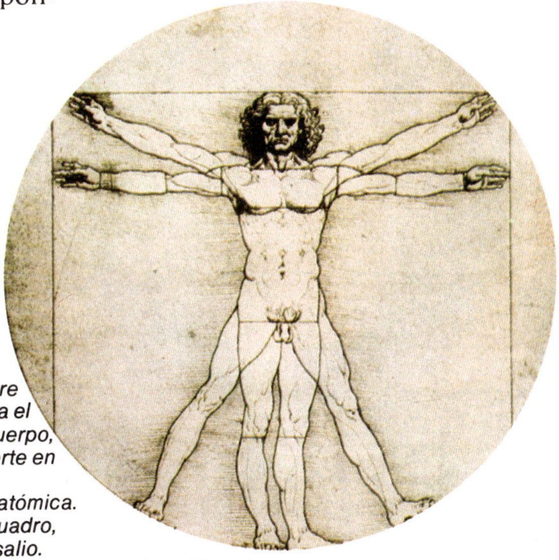

Se veía una conexión mágica entre el cuerpo humano, incluso en sus proporciones, y la configuración del universo, y la geometría más ideal. (Dibujo de Leonardo.)

Por fin, el hombre no sólo investiga el interior de su cuerpo, sino que convierte en obra de arte la exploración anatómica. (Imagen en recuadro, grabado de Vesalio. De humani corpori fabrica, *1555. Museo y Archivo Historico-médicos, Valencia.)*

Ufanía renacentista

«... En los últimos doscientos años hemos recuperado la excelencia de las buenas letras y hemos restablecido el estudio de las disciplinas después que llevaban mucho tiempo casi extinguidas. La constante diligencia de muchos hombres doctos ha llevado a tal éxito que hoy día nuestra época puede compararse con los tiempos más doctos que haya habido. Pues ahora no sólo vemos restauradas las lenguas, y los hechos y escritos de los antiguos vueltos a la luz, sino también muchas cosas hermosas descubiertas por primera vez. En este periodo, la gramática, la poesía, la historia, la retórica y la dia-

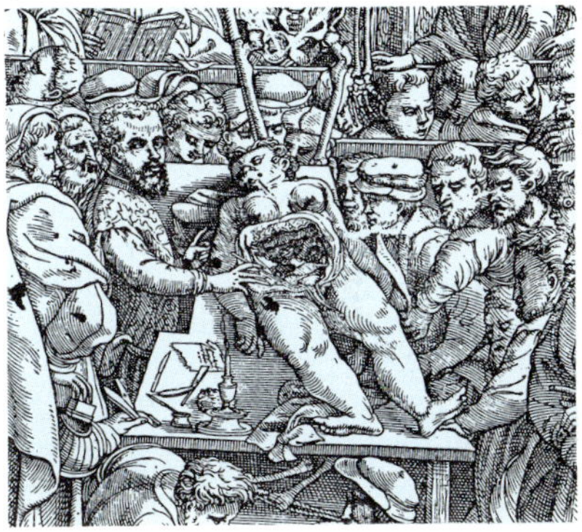

léctica se han iluminado con comentarios, anotaciones, correcciones e innumerables traducciones. Nunca se habían conocido tan bien las matemáticas; ni la astrología, la cosmología y la navegación se habían entendido tan bien. La física y la medicina no tenían mayor estado de perfección entre los antiguos griegos y árabes que ahora. Las armas y los instrumentos militares nunca fueron tan destructivos, ni hubo tanto arte en su manejo. La pintura, la escultura, el modelado y la arquitectura se han restaurado casi por completo. Y no cabría haber hecho más en elocuencia y jurisprudencia...»

(LOYS LE ROY, 1575)

8/Expansión del movimiento renacentista

El mismo rey parece iniciar la gran retirada del espíritu español a su interioridad, incapaz de dominar el mundo político y físico. (Greco, Sueño de Felipe II. *Monasterio de El Escorial.)*

Ya habíamos visto cómo en Italia se gestaba y maduraba la forma literaria del Renacimiento mientras que, a muchos efectos, seguía siendo Edad Media: al terminar el siglo XV y coincidiendo, pero no por azar, con la irrupción del nuevo «medio masivo», la imprenta, la literatura renacentista se expande por Europa. En la propia Italia, en el siglo XVI, sólo quedan derivaciones de secundaria importancia de aquel gran empuje que comenzó con el *dolce stil novo:* la ambigua e irónica versión del mundo caballeresco en Ariosto, la personalísima lírica de Miguel Angel, la prosa funcional de Castiglione y Aretino, la nueva épica contrarreformadora en Tasso...–. En Francia, podemos elegir dos nombres peculiarmente significativos: Montaigne, –«el severo señor de Montaña», como le llamó Quevedo–, quien, desarrollando aparentemente ejercicios retóricos sobre temas de la Antigüedad, introduce, como por resquicios, rasgos de escéptico autorretrato, con lo que el título *Ensayos,* de sus textos, adquirirá para el porvenir significado de un nuevo género literario –exposición de ideas individualizadas–: por otro lado, el delicado poeta Ronsard, quien se vale de la nueva elegancia formal para remozar el viejo tema de la huída de la juventud y del tiempo. Pero, sin desconocer los meritorios esfuerzos de aclimatación de la nueva moda literaria que hacían en Inglaterra poetas como Wyatt, Surrey y Spenser, la verdad es que en ninguna parte como en España –o, mejor, en la península ibérica– tiene el nuevo estilo literario renacentista unas consecuencias a la vez tan fieles y tan originales. En la península, decimos, para no olvidar a Portugal, que logra aportaciones específicas –así, el gran poema épico nacional, *Os Lusiadas,* de Camoens, que la poesía española sólo conseguirá, con la *Araucana,* de Ercilla, para beneficio de otro futuro país, Chile. Por otra parte, en España, pero en catalán, hay que incluir aquí a Ausiàs March, quien conserva un recio sabor medieval dentro del nuevo estilo. En castellano, Garcilaso de la Vega hace una poesía que parece la quintaesencia de toda la tradición italiana previa, tanto en sentir amoroso como en lengua –selecta, pero casi impersonal. A partir de él, la poesía renacentista queda

La armonía renacentista

«El aire se serena
y viste de hermosura y luz no usada,
Salinas, cuando suena
la música extremada
por vuestra sabia mano gobernada.
A cuyo son divino,
el alma, que en olvido está sumida,
torna a cobrar el tino
y memoria perdida,
de su origen primera esclarecida.
Y como se conoce,
en suerte y pensamiento se mejora:
el oro desconoce
que el vulgo vil adora,
la belleza caduca engañadora.
Traspasa el aire todo
hasta llegar a la más alta esfera,
y oye allí otro modo
de no perecedera
música, que es la fuente y la primera...»

(FRAY LUIS DE LEÓN: *A Francisco Salinas*)

El crédito, la contabilidad, la previsión, los intercambios a larga distancia, el riesgo, y, sobre todo, la usura: bases del mundo moderno. (Van Raemerswaele, Contadores. Museo Bellas Artes. Amberes.)

La lejanía no es solo apertura a la dominación de nuevas tierras, sino valor añadido a las mercancías transportadas.

lo bastante asimilada como para incorporar temas nuevos: así, ante todo en Aldana, vemos una reflexión religiosa en la línea de la efímera *philosophia Christi* que hubo entonces, ya no tradicional, pero tampoco protestante ni contrarreformadora: o, más excelsamente, en Fray Luis de León, el anhelo de un mundo celeste, puro e ideal, a donde huir de esta baja y dolorosa vida, llega a ser la cima de sublimidad y perfección en la poesía castellana –en parte, gracias a una forma italiana, la «lira», aclimatada por Garcilaso, y que sirve también al gran místico San Juan de la Cruz para su poesía de simbolismo derivado de la Biblia. En general, en España –y eso contribuye a la fecundidad de los resultados literarios– el Renacimiento, aunque queda plenamente naturalizado, no se conserva en su pureza, sino que se simultanea con la tradición popularista, de raíz medieval: esto se echaba de ver ya en la *Celestina* (1499), donde los amantes hablan con retórica renacentista, mientras que la vieja medianera –la gran protagonista de la obra– tiene todavía el habla vivaz y directa de la tradición popular. Luego, el anónimo *Lazarillo* (1554), más maliciosamente, finge un estilo incorrecto e ignorante para amortiguar su sátira social y eclesial, disimulando su base de cultura renacentista –algo de eso mismo ocurre quizá con Santa Teresa, cuya espontaneidad aparentemente descuidada apenas oculta una formación de lecturas humanísticas–. Pero la gran síntesis de tradicionalismo y renacentismo tendrá lugar, sobre todo, en el teatro, también porque su público reúne ambas mentalidades. Así es como, a finales del siglo XVI, lo organiza Lope de Vega; pero el desarrollo de esta dramaturgia entrará en el tiempo del post-renacentismo, que solemos llamar Barroco 9 →.

9/El Barroco y la poesía

La marcha de la literatura, a finales del siglo XVI, adquiere caracteres que, sin hacerla dejar de ser renacentista, muestran un creciente cambio de sentido: es lo que se llama el Barroco, término éste que, al principio, significaba «extravagante», «deforme», «exagerado», pero que luego ha llegado a ser la indicación neutral de un estilo que incluye muchas reconocidas obras maestras, y también el nombre del período en que destaca dicho estilo –a efectos literarios, hasta finales del siglo XVII–. Conforme se pierde el optimismo del Renacimiento y surgen nuevos conflictos políticos, económicos y religiosos, también la literatura se va cargando de tensiones –en el sentir y en la forma– que se hacen evidentes en paradojas de conceptos y en sorprendentes extremosidades en las imágenes y sensaciones. En ocasiones, de manera menos evidente pero más profunda, la novedad está en el modo mismo de situarse el escritor, vuelto hacia su interior en monólogo angustiado, y en el modo de relacionarse con la realidad, que queda como una fantasmagoría ilusionista. Se conservan las formas métricas del Renacimiento y todo el bagaje de referencias clásicas –incluso las alusiones mitológicas se hacen más complejas y eruditas–, pero ahora, afanosamente, se exageran y deforman los recursos expresivos. Socialmente, hay

El éxtasis de la Santa de Avila por obra de Bernini, se convierte en espectáculo perturbador, observado por estatuas marmóreas de cardenales.

un crecimiento en las pretensiones de aristocratismo minoritario en la literatura: la dificultad del estilo sirve para excluir a los posibles lectores que no sean muy cultos; además, en las imágenes y comparaciones se toman como referencias elementos preciosos, lujosos y purísimos. El poeta quiere asombrar (Marino dice: *è del poeta il fin la meraviglia,* «el asombro es la finalidad del poeta»): se trata de crear novedades sorprendentes, remotas a la vida real. (Conviene anticipar, sin embargo, que, sobre todo en Francia, la mente reflexiva, tratando de hallar salida en aquel atolladero histórico, va a apelar cada vez más a la razón, incluso lógica y matemática, en busca de alguna seguridad para el ánimo).

La literatura barroca se da de modo más característico en los países católicos, dentro de la atmósfera de la Contrarreforma: incluso los autores que no tienen especial intención doctrinaria reciben mucho de las formas de la teología, entonces militante y propagandística, por ejemplo, la tendencia a usar conceptos metafísicos y religiosos y a desarrollar las frases de modo que hacen pensar en silogismos y razonamientos apologéticos. En especial, como volviendo a los orígenes renacentistas, se exagera algo que ya había hecho Petrarca: aplicar las ideas de «fe», «esperanza» y «caridad» al amor humano. Lo más escandaloso, lo más propiamente «barroco» de la literatura de entonces se da precisamente en la poesía, y en especial en la española –en general, la literatura española es la que más realiza la idea de «Barroco»–. Dentro de eso hay varias corrientes, sobre todo dos opuestas o complementarias: el «culteranismo» gongorino y el «conceptismo» que culmina en Quevedo. Aquél se caracteriza por la intensidad de las imágenes, de un colorido llevado a su más brillante y preciosa pureza (blanco = marfil o nieve, amarillo = oro, rojo = rubí, verde = esmeralda, azul = zafiro), sobre un fondo de oscuridad, también por lo que toca al estilo, difícil y retorcido, tratando el tema como un pretexto casi sin sustancia propia. El conceptismo, en cambio, busca choques paradójicos de conceptos abstractos, en un fraseo simétrico que los contrapone, incluso con efectos de ingenio verbal. Sin embargo, Quevedo va más allá del propio estilo conceptista y, tanto si reflexiona hondamente sobre la muerte cuanto si hace bromas sucias o indecentes, se lanza a desmontar el lenguaje mismo, a través de juegos de palabras. Así, su ironía no se queda en sátira moralista sino que, de modo sarcástico y despectivo, pone en cuestión al hombre mismo en cuanto ser basado en el lenguaje. Pero esa contraposición entre culteranismo y conceptismo no agota el terreno de la lírica barroca española, donde hay otros poetas –así, los llamados «cortesanos», como los Condes de Villamediana y Salinas, que, en soliloquio meditativo, exaltan el amor ideal e imposible: o también otros que cabría llamar «manieristas», como Bocángel...–. Pero la poesía barroca encuentra su forma más típica al usarse en el teatro, de lo que hablaremos en seguida.

El que cayó por querer subir demasiado con alas de plumas unidas con «cera y cáñamo» (Góngora): símbolo de la crisis imperial hispana. (Gowi, La caída de Icaro. *Museo del Prado, Madrid.)*

La oscuridad culterana

«... si la oscuridad y estilo entrincado de Ovidio [...] da causa a que, vacilando el entendimiento en fuerza de discurso, trabajándole (pues crece con cualquier acto de valor), alcance lo que así en la lectura superficial de sus versos no pudo entender, luego hase de confesar que tiene utilidad avivar el ingenio, y eso nació de la obscuridad del poeta. Eso mismo hallará V. m. en mis *Soledades,* si tiene capacidad para quitar la corteza y descubrir lo misterioso que encubren.»

(GÓNGORA)

Fol. I.

EL

POLIFEMO

DE DON LVIS DE GONGORA,
Comentado por D. Garcia de Salcedo, Coronel, Cavallerizo del Sereniſsimo ſeñor Cardenal Infante.

I.

Eſtas que me dictò rimas ſonoras
Culta ſi, aunque Bucolica Thalia
(O excelſo Conde) en las purpureas horas,
Que es roſa la alua y roſicler el dia;
Agora que de luz tu Niebla doras,
Eſcucha al ſon de la zampoña mia,
Si ya los muros no te vèn de Huelua,
Peynar el viento y fatigar la ſelua.

PROPONE El Poéta al Excelentiſsimo Conde de Niebla, a quien dedica eſte Poéma, la accion que canta ſegun coſtumbre de todos los inſignes Poétas antiguos y modernos: aſſegurando con eſtudioſa alabança, y dignas eſperanças de celebrar ſu grandeza, la

A aten-

El que en Homero fue cruel monstruo de un solo ojo, en su versión barroca se endulza en quejas de amor por la ninfa Galatea.

10/El Barroco en el teatro y la novela

La literatura más típicamente barroca, decíamos, es la del teatro, y es que, efectivamente, lo teatral es el signo dominante de la época –desde música, en la ópera, hasta las artes visuales, de tanta calidad escenográfica–. El teatro español de entonces está todo él en verso y muy formalizado en su mecanismo, lo cual no le impide gustar a un público mezclado de nobles y plebeyos. Pero, inicialmente, no era del todo barroco: lo llega a ser en forma máxima con Calderón (1600-1681): el lenguaje de sus obras utiliza todos los recursos del culteranismo y del conceptismo, pero sin intención poética, sino porque así conviene a la atmósfera de la escena. Y es en la organización de sus obras donde se alcanza el supremo formalismo barroco: así, en sus famosas comedias de «capa y espada», el honor marital le sirve como código y reglamento para la intriga y la complejidad abstracta; pero, aparte o además, se establecen enredos externos muy bien montados –una casa con dos puertas, una puerta secreta en una pared– que sirven para mantener un intenso *suspense.* Pero sin duda donde más brilla el virtuosismo formalista de Calderón es en sus «autos sacramentales», ya que el argumento siempre había de ser el mismo –una referencia a la historia sagrada para exaltar el sacramento de la Eucaristía, generalmente en representación en la fiesta del Corpus, ofrecida por el Ayuntamiento en la Plaza Mayor o por el Rey en Palacio–. Setenta y cinco veces, nada menos, fue capaz Calderón de trenzar variaciones escénicas sobre ese mismo motivo, apelando a variadas referencias culturales o anécdotas de actualidad, y aun, en ocasiones, elevando al cuadrado la formalización al desarrollar el «auto» como alusión a otra obra del mismo autor, que ese año hubiera tenido éxito. Esto podía ser relativamente fácil cuando se trataba de aludir a una obra filosófica como *La vida es sueño,* pero Calderón lo hace también con obras menos apropiadas, como *El pintor de su deshonra,* en que un pintor mata de un pistoletazo a su mujer infiel (y en el «auto», Jesucristo es el pintor homicida).

El juego escénico llega a ser con él un complejo ajedrez, o un trenzado en contrapuntos que anticipa el Ricercar *de Bach. (Anónimo,* Calderón. *Museo Lázaro Galdeano, Madrid.)*

Formalismo en el teatro barroco: un «auto» al revés

«PLACER ...de qué ha de ser este auto,
puesto que empezar le veo
por donde acaban los otros.
PESAR ¿Eso te entristece, necio?
PLACER Pues ¿qué me ha de entristecer
sino ver un argumento
vuelto lo de abajo arriba?
¿No estaba en estilo puesto
que empiece el Hombre pecando,
que acabe Dios redimiendo,
y en llegando el pan y el vino
subirse con él al Cielo,
al son de las chirimias?
Pues, ¿cómo hoy no pasa eso?»

(CALDERÓN: *Lo que va del hombre a Dios*)

Pero dentro del mundo literario barroco entran otros hechos que no son tan manifiestamente «barrocos» como los que hemos indicado. Por ejemplo, en Inglaterra, el teatro de Shakespeare (1564-1616) tiene muchas complejidades de desarrollo –así, el contrapunto de la «doble acción»–, y su lenguaje es insólito y a menudo difícil: sin embargo, no se llega en él a las paradojas del conceptismo español ni a la fantasía exacerbada y la hinchazón metafórica del culteranismo. ¿Cabría decir, aprovechando un término de la historia de la pintura, que se trata de un «manierismo», más que de un barroco propiamente dicho? En otro sentido, y regresando al ámbito español, no diríamos, a primera vista, que sea «barroco» un li-

Enigmático: no sabemos qué opinaba ni creía sobre nada, por su neutralidad al ir dando plena voz poética a cada uno de sus personajes. (Shakespeare. *Galería Nacional de Retratos.)*

(Representación de La vida es sueño, *de Calderón.)* ▼

bro de lenguaje tan claro como el *Quijote* de Cervantes. Sin embargo, a lo largo de su marcha, y aunque de modo más bien improvisado y azaroso, la estructura de ese relato va complicando más y más los supuestos de su modo de presentar la acción, que, al final, ha llegado a ser un juego de múltiples reflejos, regresando bruscamente a la realidad con la muerte del protagonista. Recuérdese que el *Quijote* empieza siendo la aventura de un solitario hidalgo, convencido de vivir una futura novela de caballerías: luego se vuelve un diálogo con Sancho, que, más adelante, se supone ser traducción de un manuscrito árabe: en la segunda parte, ya se habla de haberse publicado el libro, y Don Quijote es, para todo el mundo, el personaje de una divertida novela: después –por sorpresa– hay una segunda parte falsa con la que debe luchar el personaje verdadero, etc. ¿Es esto barroco propiamente? En todo caso, aun sin hinchazón aparente, esta compleja y desorientadora estructura forma parte de la mentalidad de la época.

Por su parte, los franceses llaman «barroco» también a su teatro del siglo XVII, que es muy sencillo y sobrio en la presentación de una problemática moral, pero nosotros preferimos considerarlo como centro del nuevo racionalismo, que literariamente es el «clasicismo» de que tratamos en el próximo módulo.

Los decorados, las tramoyas y maquinarias, empiezan a ser recurso importante para ciertas líneas de teatro, en el Barroco.

Nadie, en su tiempo, habría dicho que el Quijote *iba a ser la gran obra de toda una cultura: entonces pareció una broma intrascendente. (J. de Jáuregui, supuesto* Cervantes. *Real Academia de la Lengua, Madrid.)*

Primero los ingleses, y luego los franceses, sacaron pleno partido literario del Quijote, *antes que en su propia patria. (Daumier.)*

11/El clasicismo francés

«El Estado soy yo», dijo el Rey Sol, Luis XIV, y con el Estado, también la literatura, a través de la Académie Française. (Palacio de Versalles, grabado del siglo XIX.)

A partir del Renacimiento hemos indicado cómo se desplegaba la literatura barroca, pero también hemos sugerido que la creencia renacentista en la ordenación armónica del mundo se convertiría en un auténtico culto a la razón, como referencia segura entre las incertidumbres de la época. Literariamente, esto empieza a manifestarse en las Academias, que, en el siglo XVI, ya transformaron el platonismo, un tanto místico, de las Academias florentinas del Renacimiento, en un seco intelectualismo, con preceptos y prohibiciones, canonizados en «reglas del arte». Incluso, se encontró entonces un texto clásico que sirvió de base para esa mentalidad dogmática: la *Poética* entonces reconocida como de Aristóteles; de hecho, un fragmento de tratado sobre la tragedia griega, del que se toman, convirtiéndolas en mandatos absolutos, las llamadas tres «unidades», de lugar, de tiempo –doce horas– y de acción, a lo que se añaden otras reglas para mayor verosimilitud y orden lógico. Esta doctrina, elaborada por comentadores italianos, es discutida a finales del siglo XVI y principios del XVII: en España algunos dramaturgos la siguen, pero sin éxito, lo que sirve de excusa a otros –como Lope de Vega– para no aplicarlas. En Francia, sin embargo, en el siglo XVII, esas teorías se convierten en el reglamento inexorable de la literatura, respaldadas además por la autoridad del «Rey Sol» –Luis XIV–, a través de la Academia Francesa, que juzgaba y dictaminaba sobre el mayor o menor ajuste a las reglas en las obras de los principales dramaturgos. Pero claro está que esos estrechos dogmas no son aceptados por los escritores sólo por orden del rey, sino porque responden a la mentalidad general de la época, que ve en lo matemático el modelo de todo lo espiritual, incluído lo estético. Y, en la literatura y en las artes visuales, se intensifica la referencia a la Antigüedad –de donde el nombre de

Este teatro, por su modestia cómica y realista, ha resultado ser a la larga, entre el teatro de entonces, el de mayor difusión y permanencia en el mundo (Representación de El enfermo imaginario, *de Molière.)*

«clasicismo» dado al estilo de esta época–, ahora como rígida falsilla que hay que imitar. Las consecuencias de toda esta teorización, pretendidamente científica, en la creación literaria, son diversas según los géneros: la prosa moralista, de reflexión sobre la vida y las costumbres –incluida la filosofía– alcanza un alto nivel, más atractivo para nuestro gusto cuando se escribe en breves aforismos –bien sean sobre la conducta, como en La Rochefoucauld y La Bruyère; bien tengan alcance religioso, más allá de lo racional, como en el caso del matemático y místico Pascal–. En cambio, se comprende que para la poesía lírica las consecuencias de estas doctrinas racionalistas no fueran muy sugestivas: Boileau (1636-1711) en su *Arte poética,* desarrolla en verso los preceptos vigentes, señalando como antecesor a Malherbe (1555-1628), quien «redujo la Musa de las reglas del deber» y «de una palabra puesta en su sitio enseñó el poder». La poesía había de ser expresión métrica de la moralidad oficial sin ninguna audacia ni novedad, en lenguaje claro y casi impersonal –de ahí que sea de estimar la modesta gracia de las fábulas de Lafontaine–. El terreno más importante para esta literatura es el del teatro: Corneille (1606-1684) todavía tiene cierto influjo del teatro barroco español, y, si defiende la preceptiva de las «tres unidades», lo hace por mera conveniencia práctica, no por creer que se trate de axiomas eternos y matemáticos. Por eso, el más característico autor es entonces Racine (1639-1699), quien, en unas pocas tragedias de nobles personajes de la Antigüedad (griega, latina o exótica) dilucida conflictos éticos en forma luminosamente racional –siempre dentro de la convención de que todo pase en el mismo sitio y en doce horas: un personaje de otro autor se admira ingenuamente de que cierto emperador «ve, ama y se casa en un día», sin reconocer que lo hace así por ley literaria. Más actual nos parece la fama de Molière, porque, dado su tono cómico, la preceptiva resulta en él más llevadera en su aplicación. El clasicismo seguirá relativamente vigente en el siglo XVIII en Francia, aunque dando paso gradualmente al ambiente del «ilustracionismo». Con todo, la Revolución Francesa aún guillotinará al más puro de los poetas neoclásicos, incluso neogriego en su temática: André Chénier.

Hay algo de desarrollo de un teorema moral en el teatro de Racine, que mal podría responder al sentir de la Corte en que se representaba. (Racine. *Grabado. Biblioteca Nacional, París.)*

La razón y su modelo matemático

«Las largas cadenas de razones perfectamente sencillas y fáciles que acostumbran a emplear los geómetras para llegar a sus más difíciles demostraciones, me habían dado motivo para creer que todas las cosas que pueden caer bajo el conocimiento del hombre se suceden del mismo modo, y que, con tal que nos abstengamos de recibir por verdaderas las opiniones que no lo sean, y observemos siempre el orden necesario al deducir una cosa de otra, no puede haber nada tan remoto que no se alcance, ni tan escondido que no se descubra. [...] Y considerando que, de todos los que hasta ahora han buscado la verdad en las ciencias, solo los matemáticos han sido capaces de encontrar demostraciones, es decir, razones claras y seguras, no dudé que debía empezar con las mismas cosas que ellos han considerado, aunque no esperaba de ellas otro provecho sino que acostumbraran a mi mente a alimentarse de verdades y a no contentarse con falsas razones [...] para aplicarse después a cualquier otro tema...»

(DESCARTES, 1637)

12/El ilustracionismo en literatura

La literatura, en el siglo XVIII, toma caracteres de mayor riqueza humana: el predominio de la razón no desaparece, pero se va conciliando con una visión de la naturaleza más compleja, y, en general, va asumiendo un tono de mayor tranquilidad y optimismo. Es la literatura de la Ilustración, del Siglo de las Luces: una literatura cada vez más burguesa y menos cortesana. Aunque durante mucho tiempo se designó a este siglo como «el siglo de Voltaire», en este momento, y especialmente a efectos de caracterizar el movimiento literario de la época, es preferible centrar la mirada en Inglaterra, mientras que, por lo que toca a Francia, la figura de Voltaire empieza a parecernos igualada y aun superada por escritores más complicados, ambivalentes y aun pre-románticos, como Diderot y Rousseau. Los escritores cuentan con un público creciente y –sobre todo en Inglaterra– tolerante y deseoso de conversación matizada y cortésmente bienhumorada. Cobra importancia central el análisis psicológico, sobre todo el de sentimientos, como parte de una creciente atención al mundo sensible, cada vez mejor observado científicamente. La unidad –literaria, política, cultural– de ese período se cierra, en Francia, con la revolución –1789–; en Inglaterra, en cambio, evoluciona fluidamente hacia el prerromanticismo sin cortes ni saltos: en Alemania, típicamente, hay pasos adelante y atrás, ya que en la década de 1770 aparece un violento movimiento pre-romántico, *Sturm und Drang,* «tempestad y empuje», desde el cual más bien se retrocederá, antes de seguir hacia lo romántico. Pero volvamos a Inglaterra, entonces ya formalmente parlamentaria y democrática –aunque con una ínfima minoría de electores–: el que más explícitamente da forma literaria –en verso, aun con toda intención didáctica– al sentir dominante es Alexander Pope (1688-1744), ejemplo ya de escritor que vive libremente del mercado editorial. En su *Ensayo sobre el hombre* y su *Ensayo sobre la crítica* (literaria), ambos en verso, como indicábamos, expone, en el primero, su relativo optimismo sobre el mundo y la vida, que hay que creer que están regidos por una razón divina, por más que no lo entendamos del todo; en el segundo, concilia la idea neoclásica de las «reglas del arte» con la idea de «naturaleza», afirmando que ésta se da las reglas a sí misma, no como imposición externa, reuniendo el saber teórico con la habilidad innata. Esa

Londres, ya la gran ciudad progresiva y activa, vanguardia del mundo y vitalizadora de la literatura, en una sociedad flexibilizada. (Grabado. Londres en el siglo XVIII. Vista de la Lonja Real.)

El ánimo confiado de la Ilustración

«... Puesto que la vida puede ofrecernos poco más
que mirar a nuestro alrededor y morir,
paseemos libremente por toda esta escena humana,
¡un gran laberinto! pero no sin un plan...
Sométete: en ésta o cualquier otra esfera,
seguro de ser tan bienaventurado como puedas soportar:
a salvo en la mano del único Poder providente,
tanto en la hora natal, como en la mortal.
Toda la Naturaleza no es sino Arte desconocido para ti:
todo azar, dirección que no puedes ver,
toda discordia, armonía no comprendida,
todo mal parcial, bien universal:
y, a pesar del orgullo, a pesar del resentimiento de la errante razón,
una sola verdad es clara: Todo lo que es, está bien.»

(POPE: *Ensayo sobre el hombre,* 1734)

Esta imagen puede ocultar el duro hecho de que Diderot murió dejando inédita la mayor y mejor parte de su obra, por prudencia o miedo a los poderes.

mentalidad se difunde en el naciente ensayismo periodístico, que propone al lector-suscriptor sus ideas con cauta y amable ironía –Steele, Addison–. Pero además, después de dos líneas opuestas de intentos narrativos –la sátira social y política, en fábula de países exóticos, en el *Gulliver* de Swift, y los reportajes que no quieren parecer novelas, como el *Robinsón* de Defoe–, la novela encuentra por fin en Inglaterra su manera típica, valedera hasta hoy día, como entretenimiento burgués abierto al pueblo, con gran dosis de sentimentalismo y de *suspense:* es la narrativa que, tras el bastardo éxito de un Richardson, encuentra un nivel legítimo en Fielding e incluso una refinada sotisficación en Sterne. De ahí a la novela decimonónica no habrá ruptura ni novedad. En cambio, en Francia todo era más conflictivo: Voltaire (1694-1778), el escritor de la «clase ascendente», de la burguesía que quería acabar con los privilegios hereditarios para dejar «libertad» e «igualdad» al dinero, vacila, sin embargo, entre la confianza en que la razón puede corregir mucho en la sociedad, y la desconfianza sobre la capacidad humana para lo que sea algo más que «cultivar su jardín» –todo ello, luchando contra el absolutismo–. En otro sentido, marginado y como trabajador editorial en la famosa *Enciclopedia*, y dejando inédito lo más y mejor de su obra, Diderot (1713-1784) introduce una crítica radical de la moral humana y de la identidad literaria: ni lo bueno y lo malo están claros en la vida, ni el escritor puede confiar en emocionar al lector por emocionarse él mismo. En cuanto a Rousseau (1712-1778), ginebrino, sin clase social, huraño, inaugura una literatura realmente moderna, al creer que la autenticidad lo justifica todo y la «confesión» sincera vale por sí misma aunque no sea ejemplar lo confesado. La época literaria se está volcando ya hacia el Romanticismo.

La nueva sensibilidad y la nueva sentimentalidad: paisaje, entusiasmo, sinceridad, soledad... todo eso es lenguaje de Rousseau.

13/El movimiento romántico: sentido general

El Romanticismo no es solo un movimiento literario, sino un movimiento total del espíritu de Occidente que –eso sí– se vuelca sobre todo a la expresión literaria y a la música, dejando un papel muy secundario a las artes visuales. En él, cabe decir, se reanuda con más fuerza la ambición del ánimo renacentista, pero ahora ya se prescinde de que la realidad –natural, social– se deje o no conquistar de hecho, y se proclama la libertad y la soberanía del empuje que sitúa el espíritu del individuo creativo por encima de los condicionamientos de la circunstancia. Se ha afirmado que la religión secreta del romanticismo fue el panteísmo, la creencia de que todo es Dios y Dios lo es todo –un Dios que se manifiesta preferentemente en la mente y el carácter del hombre que se decide a valer más que su mundo inmediato, asumiendo un papel consciente y estimulante en el vasto despliegue de la historia de los pueblos, vista como una nueva «historia sagrada» o desarrollo de la Divinidad misma en el tiempo. El alma del hombre romántico, así, no puede encontrar ninguna forma digna y adecuada para sí misma, ni aun poéticamente. «Mi corazón lo desea todo, lo quiere todo, lo contiene todo. ¿Qué poner en el lugar de ese infinito que mi pensamiento exige?», dice Obermann, el protagonista de la novela del suizo Sénancour. Y añade, en otro pasaje predilecto de Unamuno: «Es posible que nos esté reservada la nada, pero hagamos de modo que eso no sea justo». De ahí que el Romanticismo adopte entre sus principales figuras la de Don

La vieja leyenda del pacto diabólico toma un nuevo giro en manos de Goethe: lo que cuenta no es Margarita, sino la insaciabilidad ante la vida. (Idilio de Fausto y Margarita según grabado de la época.)

Juan, un tipo tradicional al que concede un sentido más profundo: ahora es un seductor sin ilusión, que sabe que no conseguirá la felicidad con ninguna mujer. Otro tipo que encuentra entonces nueva vida, por obra de Goethe, en su período romántico juvenil, es el legendario Doctor Fausto, que, hastiado de sabiduría, pacta con el demonio entregarle su alma, no –como decía la tradición– si le consigue el amor de una joven, sino si logra que alguna vez se dé por feliz y diga al instante «¡detente!». Otra versión del pacto diabólico es la del «hombre sin sombra» de Chamisso, el que vende al demonio su sombra, perdiendo así su realidad. (Otros tipos, entonces revitalizados son el Judío Errante, Caín...) Precisamente, la raíz de la insatisfacción del espíritu romántico con todo lo concreto está en la contradicción interna por la que el hombre se siente despegado de su propio «yo», descontento con él, extraño ante su propia identidad, que se le hace no sólo huidiza y desconocida a fuerza de cambiante, sino incluso amenazadora y hostil. En un relato de Hoffmann, uno se encuentra con su «doble» y acaba batiéndose en duelo con él: en versión menos transcendente de Gautier, alguien consigue un cambio de almas y cuerpos con el marido de la mujer amada, y acaba cruzando espadas contra su propio cuerpo, ahora habitado por el alma del marido en cuestión. A efectos literarios, eso quiere decir que entonces empieza el reino, cada vez más absoluto hasta nuestros días, de la ironía, es decir, de la falta de compromiso con la propia expresión usada en cada caso, conservando la conciencia de

Este famoso cuadro, símbolo del idealismo, aparece aquí usado en otro libro del autor de estas páginas, una «historia de las ideas». (Friedrich, El caminante sobre el mar de niebla.)

No faltó, sobre todo en España, la rechifla popular y burguesa ante el nuevo espíritu romántico, aquí, caricaturizado por un pintor –buen romántico a su vez (Alenza, Suicidio romántico. *Museo Romántico. Madrid.)*

que igual o mejor se podía haber empleado otra forma de expresión, ya que todas las formas son relativas: incluso –dice Friedrich Schlegel, principal postulador de la ironía– la creación literaria romántica es «universal y progresiva», y, en contraste con la estable plenitud de la poesía de la Antigüedad, «radica siempre en el devenir, y aún tiene como carácter propio el estar siempre en evolución, el no poder quedar nunca completada». El mismo F. Schlegel crea una forma literaria que rehúye la forma, los «fragmentos» –a veces firmados entre varios, para borrar incluso la huella de la personalidad de cada autor. En otro sentido, en el temático, la literatura romántica lo mismo se complace en lo raro y lo exótico que en la transformación de lo habitual en algo insólito. Por eso no hay contradicción en que, al buscar referencias, el Romanticismo reúna dos que nos podrían parecer contradictorias: Grecia y la Edad Media –sin excluir el hechizo de lo oriental y lo exótico–. Pero es una Grecia vista, no como canon clásico, sino como «paraíso perdido» de equilibrio y armonía ya nunca recuperable, y es una Edad Media mágica cuyas catedrales prometen una evasión al más allá al espíritu cansado de su propia soberbia errabunda.

«La forma romántica del arte aniquila la unidad de la idea espiritual con su forma sensible: regresa, aunque en un plano más elevado, a la diferencia y oposición entre idea y forma, una diferencia que el arte clásico dejó sin resolver. El arte clásico alcanzó el más alto grado de perfección que podia realizar un proceso sensible del arte. Si el arte clásico mostraba defectos, eran innatos al arte mismo, y eran las limitaciones del arte [...] El arte romántico disuelve el ideal del arte clásico, que es la unidad visible de éste. El arte romántico ha adquirido un contenido mucho más rico que el del arte clásico [...] En resumen, la esencia del arte romántico reside en que el objeto artístico es libre, concreto, y la idea espiritual se da en su misma esencia, todo ello revelado a la mirada interior más bien que a la exterior [...] Ese mundo interior es el contenido del arte romántico: el arte romántico debe buscar su realización precisamente en tal vida interior o algún reflejo de ella. Asi la vida interior triunfará sobre el mundo exterior: triunfará de tal modo que el mismo mundo exterior proclamará la victoria de aquél, con la cual la apariencia exterior se hundirá en ausencia de valor...»

(HEGEL, 1829)

14/El movimiento romántico alemán

La literatura romántica –continuando el tema– no se limita a apelar a dos o tres mundos pasados o exóticos, sino que, por primera vez, establece una perspectiva de sentido histórico abierta a todo, y en que, por tanto, todo se relativiza, en función de los propios sentimientos e intereses. Así, el rescate de lo gótico medieval corresponde a un sentimiento de desengaño en las esperanzas de la Revolución francesa. Cierto que en el aspecto político hay que distinguir países: la literatura pre-romántica alemana se entusiasma con la Revolución francesa, pero luego se vuelve conservadora y aun reaccionaria: en Francia, en cambio, la Revolución, aunque fuera un hecho romántico en sí, se hace bajo signo literario clasicista, para luego dejar paso a un creciente liberalismo, estimulado por los hechos de 1830, hasta el fracaso de los intentos revolucionarios de 1848 (fecha ésta, por cierto, que puede servir en Europa para cerrar el período propiamente romántico, aunque nos llegue hasta hoy mucho de lo romántico). Más compleja es la situación en la literatura inglesa, con grandes diferencias entre los escritores, en medio de la estabilidad nada revolucionaria del país. Por lo que toca a la religión, los desengaños políticos fomentan la tendencia a refugiarse en una imagen, más estética que creyente, de la Iglesia católica en sentido medieval, y no solo entre escritores franceses, sino incluso en Alemania. Por otra parte, conviene aludir al sentido casi religioso y sacramental que asume entonces la Naturaleza en cuanto paisaje, mejor si tormentoso y montañoso: en ella ve el poeta la imagen de su propia alma, a la vez que se funde en el todo del Universo. Al esbozar el desarrollo de la literatura romántica en algunas naciones, hay que notar dos novedades: una, que entonces surge el concepto goethiano de «literatura universal», en que no se atiende solo a la de la propia lengua y alguna otra afín o clásica, sino que se admite la posible paridad de cualquier otra, incluso minoritaria –precisamente es entonces cuando cobran conciencia de sí mismas ciertas literaturas, como la polaca o la húngara, situadas dentro de otro Estado. En España ese impulso llegará a animar pronto la *Renaixença* catalana y la nueva vida de la literatura en gallego. Pero una aproximación concreta a la literatura romántica europea debe empezar por el caso alemán, no sólo por lo temprano e intenso de su primer brote, la «tempestad y empuje» ↵12, en la década de 1770–, sino porque, a pesar de que Goethe deserte de ese movimiento y llegue a decir que «lo romántico es lo enfermizo y lo clásico es lo sano», en torno a él surge una atmósfera densa y coherente de creación literaria, doblada de teoría abstracta. El idealismo

> «El mundo debe hacerse romántico. Entonces volveremos a descubrir su significado original. Hacer romántico algo no es sino una potenciación cualitativa. En tal operación, el yo inferior se identifica con el yo superior. Nosotros mismos somos esa serie de potenciaciones cualitativas [...] En cuanto doy un significado más elevado a lo ordinario, un aspecto misterioso a lo acostumbrado, un aire infinito a lo finito, estoy romantizando [...] No hay nada más romántico que lo que solemos llamar el mundo y el destino.»
>
> (NOVALIS, 1798)

El Romanticismo sustituye la Antigüedad por la Edad Media –especialmente por el Gótico– en el terreno de las artes. La restauración de la catedral de Colonia fue resultado de la nueva valoración de aquel estilo.

es, en efecto, la filosofía del Romanticismo, con Fichte, Schelling y Hegel, y, por cierto, no sin valor literario propio. Es significativo que estos dos últimos se educaran junto al más puro lírico, Hölderlin, y bailaran con él en torno al «árbol de la libertad» festejando la Revolución francesa. Hölderlin –nacido en 1770, caído en locura en 1802, para sobrevivir hasta 1843–, en efecto, lleva sus comunes anhelos a la más alta expresión poética, a veces soñando una Grecia pura, en el tono de la más tensa exaltación anímica, aunque sin perder la solidez expresiva. Más en esbozo, en cambio, queda Novalis (1772-1801); a su lado hay que poner a los teóricos del nuevo sentir, los hermanos Schlegel, y otros complejos personajes, entre humorísticos y trágicos, como Kleist –dramaturgo y narrador– y Hoffmann, de alucinantes relatos. Pero acaso la culminación, y en cierto modo la superación y conclusión del Romanticismo –a todos los efectos, no sólo los literarios– la podríamos señalar en Hegel, filósofo ocasionalmente también de recia garra de escritor. El presenta la enorme sistematización total de la marcha del Espíritu divino a través de naturaleza, historia y conciencia teórica, con lo cual la literatura –por un lado– adquiere un alto sentido de expresión del Ser mismo, pero, por otro lado, su forma concreta de palabras resulta desvalorada, y sus obras mismas, una por una, quedan reducidas a ejemplos y síntomas de la marcha del espíritu histórico; una manera de ver que, creciente hasta hoy día, amenaza dejar por muerta la literatura al reducirla a su sentido abstracto e histórico.

El antiguo rito de erección del «palo de mayo» abandona su fecha primaveral y se convierte en símbolo político de levantamiento para la libertad. (Acuarela de Bericourt.)

Al más puro e intenso poeta romántico, «la plenitud de razón se le volvió locura», como profetizó él mismo, aún en plena juventud (Hölderlin, por H. K. Hiemer.)

Hegel: Expresión totalizadora de la Razón, abarcando el ser universal en su desarrollo, con su sentido divino.

15/El movimiento romántico en otros países

Si comparamos la literatura romántica inglesa con la alemana, en cierto sentido nos parecerá más moderada e incluso conservadora, seguramente por el adelanto social a que había llegado sin rupturas el país, pero en otro sentido parece ir más allá del propio espíritu romántico para introducir un nuevo sentido de la literatura que, propugnado por algunos escritores franceses en la segunda mitad del XIX, llegara a expresarse claramente en la primera mitad del XX. Para aclarar esto, conviene atenerse al terreno poético, y distinguir, entre sus figuras, dos grandes generaciones –concepto éste, el de «generación», introducido por los románticos alemanes, ante todo para aplicárselo a ellos mismos, pero que resulta aún más nítido en esta perspectiva inglesa. En efecto, la primera generación tiene, sobre todo, una importante pareja, Wordsworth (1770-1850) y Coleridge (1772-1834), quienes, caso insólito, firman juntos un libro de poemas (*Baladas líricas,* 1798) al que el primero de ellos antepone un prólogo, a la vez romántico y ya afín al sentir del siglo XX. Allí, entre otras cosas, se consagra la democratización del lenguaje poético –ya no elevado y nobiliario, sino el de la clase media, con pretensión de valer para todos, incluso el pueblo–. Además, superando un sentido fácil del romanticismo, allí se ve la poesía, no como exteriorización inmediata de sentimientos, sino como expresión de la «emoción recordada en tranquilidad», al cabo de cierto tiempo, con lo que el tema primario no es la emoción misma, sino la maravilla de la memoria y de la expresión, y, entonces, toda poesía empieza por ser «poesía sobre la poesía»: una idea muy del siglo XX. En la segunda generación hay grandes diferencias: Lord Byron es arquetipo de héroes románticos, Shelley se lanza a ensoñaciones de alto vuelo, y Keats, el más puro lírico de todos ellos, se anticipa también a ideas de nuestro siglo al señalar que el poeta no canta desde su identidad personal, sino desde un personaje inventado en cada caso –«El camaleóntico poeta», llega a decir–.

La literatura romántica francesa es algo más tardía –ya se dijo que la Revolución se hizo bajo signo clasicista–, y arranca en buena medida por estímulo alemán: *De Alemania* (1810), de Madame de Staël, empieza a preparar el cambio de estilo que, en Francia, requiere una dura batalla contra la preceptiva neoclásica. A pe-

El mismo fue quizá su mejor personaje literario, en su turbulenta vida y en su heroica muerte, luchando por la libertad de Grecia. (J. Phillips, Lord Byron. *Galería Nacional de Retratos, Londres.)*

«No estoy seguro de nada más que de la santidad de los afectos del Corazón y la verdad de la Imaginación. Lo que la Imaginación capta como Belleza debe ser verdadero –existiera antes o no–, pues tengo la misma Idea sobre todas nuestras Pasiones que sobre el Amor: que son todas de esencial Belleza... La imaginación puede compararse al sueño de Adán: despertó y encontró que era verdad. Me importa más este asunto porque todavia no he sido nunca capaz de percibir cómo puede conocerse nada como verdad por parte del razonamiento coherente: y sin embargo debe ser así... ¡Ah una vida de Sensaciones, en vez de una vida de Pensamientos! Es "una Visión en forma de Juventud", una Sombra de la realidad venidera –y esa consideración me ha convencido aún más–, pues ha venido en ayuda de otra Especulación favorita mia: que disfrutaremos después, teniendo lo que llamamos felicidad en la Tierra, repetida en tono más hermoso...»

(KEATS, 1817)

Musset, y, en especial, Victor Hugo, de larguísima vida.

Otros países contribuyen al florecimiento literario romántico: la verdad es que España no vuelve al nivel del Siglo de Oro, por más que lo glorifique, junto con la Edad Media, pero sale de la atonía lírica del siglo XVIII con un prosista como Larra y un poeta como Espronceda –sin duda superado por el cubano Heredia–. Aparte de un tardío romanticismo norteamericano –Poe y Melville ya son de la segunda mitad del siglo 20→ – es importante aludir al romanticismo ruso, y no sólo por la byroniana poesía de Puchkin: si hubiera que condensar el Romanticismo europeo en un solo libro, podríamos elegir la novela de Lérmontov *Un héroe de nuestro tiempo.*

*

Españolada: Víctor Hugo sitúa la acción de *Hernani* en España, donde él mismo vivió durante algunos años cuando era niño, concretamente en Madrid. Tanto los personajes como la ambientación de la novela no son más que una exageración de la realidad española de la época, con la que buscaba acentuar el pintoresquismo y exotismo que varios autores románticos, no sólo él, vieron en este país.

sar de que en la prosa, por ejemplo, Chateaubriand aporta, con el comienzo del siglo, el mundo de lo medieval y lo orientalizante, e incluso lo indio americano, con inclinaciones hacia un catolicismo decorativo, por lo que toca al teatro hay que esperar a la tercera década para que triunfe el nuevo estilo con Victor Hugo –quien, por cierto contribuyó a la moda de la «españolada»* con su decisivo *Hernani;* con todo, los pintoresquismos, en el caso de Gautier, sirven para preparar nuevas expresiones artísticas que llevarán al simbolismo. Por ahora, Lamartine, con sus *Meditaciones poéticas,* populariza el soliloquio patético y reflexivo a la vez, en que le superan otros poetas menos populares, como Vigny, el más superficial

Hábil aficionado al dibujo fantástico e improvisado, Victor Hugo dio cuerpo a los sentimientos expresados en sus novelas mediante el dibujo, tal vez porque pensaba que la imagen corresponderia mejor a la palabra si ambas salían de la misma mano. Así, trazó las mejores ilustraciones posibles a su propia obra literaria.
(Carta de Victor Hugo a M. Charlot. Dibujo de su casa, «Le Souris».)

16/Post-Romanticismo

La etiqueta de «post-Romanticismo» es, seguramente, la de menor impacto entre todas las usadas en estas páginas, y, sin embargo, nos resulta indispensable, en parte para que no aparezca sola la novela realista [17] desde el Romanticismo hasta el cambio de siglo, y en parte, porque, en efecto, hay un interesante desarrollo de la actividad poética y reflexiva que, prolongando las premisas del Romanticismo, se hace cargo de la nueva sociedad industrializada y financiera. En algunos casos, ciertamente, ese post-Romanticismo es, en su mayor parte, un Romanticismo tardío o rezagado, pero aun entonces hay siempre algo nuevo: así, en Portugal es el momento de sus más destacados poetas, como Antero de Quental (1842-1891), y se nota que respiran ya la atmósfera internacional del positivismo. Y en España, G. A. Bécquer (1836-1870) consigue su depuración popularista de la lírica, no sólo a partir de la impura materia romántica, sino también de la aún más impura materia de la poesía de la burguesía de esa época tan prosaica –Campoamor–. Y por lo que toca a las lenguas minoritarias, animadas como ya se dijo por el Romanticismo, en el último cuarto de siglo es cuando llegan a su madurez la catalana y la gallega. En cuanto a Hispanoamérica, cabría ver también allá un romanticismo rezagado, salvo por la gran obra poética de esa época, surgida, en génesis de humor y protesta social, dentro del «género gauchesco»: el *Martín Fierro* (1872) de José Hernández; y no está mal este caso para recordar que se puede dar un gran acierto en un pequeño movimiento literario, marginal y casi a contrapelo de las grandes tendencias. Sin embargo, el post-romanticismo por antonomasia lo tenemos en lengua inglesa –en francés todo se orienta ya, en poesía, a lo que será el simbolismo–: no sólo en Inglaterra, sino en Norteamérica, donde, bajo el influjo intelectual de Emerson, que funde la herencia del pensamiento occidental con efluvios de la mente oriental, está el gran Walt Whitman (1819-1892), quien, a muchos efectos, es ya un poeta del siglo XX, exaltando, por ejemplo, la belleza

El viejo navío movido a vela, que evoca gloriosas victorias del pasado, eleva su pálida y altiva silueta a la luz del sol poniente, como un fantasma de tiempos ya muertos, mientras es arrastrado a su destrucción por un oscuro, pero indudablemente eficaz, remolcador a vapor, símbolo de la nueva época que basaba en el progreso, en la ciencia y la técnica, todas sus aspiraciones y sus formas de vida. Pocas imágenes podrían expresar mejor el tránsito entre dos épocas, contemplado por aquéllos que añoraban un mundo en el que todavía podía hallarse el misterio y la poesía. (Turner, El Temerario. *National Gallery, Londres.)*

de una locomotora y rechazando el peso de la tradición para buscar un lenguaje al día, a la vez callejero y exaltador. Pero es, naturalmente, en la propia Inglaterra donde, sin grandes nombres excepcionales, mejor se evidencia el esfuerzo de la literatura, no solo novelística, por conservar la voz en aquella sociedad tan poco poética, que llega entonces a la cima de su florecimiento imperial, en el cenit de la economía liberal. En algunos casos hay una digna adaptación al papel de maestros civilizadores –así, el poeta y crítico M. Arnold–; en otros casos, hay una protesta ante la suciedad y el dolor de la industrialización –pensamos en una curiosa línea de escritores que, partiendo de una posición nostálgica y retrógrada, terminan siendo precursores de ideas del siglo XX: Carlyle, Ruskin, Morris–. Pero, en lo propiamente poético, cuando nuestra época vuelve la mirada hacia ese período, elige a un poeta que sólo fue leído mucho después de su muerte –el jesuita G. M. Hopkins–, y a otro poeta, Thomas Hardy, a cuya descendencia lírica aludiremos luego, y a quien hoy se sigue leyendo como novelista. Con todo, aunque Inglaterra nos dé mejor el trasfondo general típico de esta época del espíritu, su más hondo sentido de pensamiento lo encontramos en lengua alemana, y, curiosamente, con una fisonomía de disentimiento y desgarro que contrasta, no sólo con lo aludido en ámbito inglés, sino con el propio Romanticismo alemán. Esto lo podemos reunir en tres nombres de admirables prosistas de ideas, Heine, Schopenhauer y Nietzsche. Heine (1779-1856), en efecto, aunque conserve mucho de poeta romántico, se sale ya sarcásticamente de tal imagen, sobre todo en su prosa; Schopenhauer (1788-1860) es el teórico y esteta del pesimismo para la época del triunfo de la burguesía, y Nietzsche (1844-1900) es el gran removedor de la entera historia intelectual y aun del lenguaje mismo de Occidente, creando una nueva situación mental con su ambigüedad de vidente, a la vez esperanzador y apocalíptico.

Whitman: un nuevo lenguaje, extraño para su tiempo a fuerza de directo, le hace seguir pareciendo contemporáneo nuestro.

En recuadro, huelga e intervención de las mujeres en las minas de Creusot. En este caso, a la explotación económica propia del proceso de industrialización, se unió la explotación sexual.

«...Fue una de las grandes transformaciones de la historia: en menos de cien años, una Europa de propiedades agrícolas, arrendamientos campesinos y talleres domésticos se convirtió en una Europa de ciudades en extensión. Las herramientas manuales y los artefactos sencillos fueron reemplazados por máquinas, el vapor y la electricidad desplazaron a las fuentes tradicionales de energía, el agua, el viento y el músculo. Las gentes del campo, al hacerse superfluas sus anteriores ocupaciones, emigraron a las ciudades mineras y manufactureras para ser los trabajadores de la nueva época, mientras una clase profesional de empresarios, financieros y directivos, de científicos, inventores e ingenieros, se elevaban y se expansionaban rápidamente. Esa era la Revolución Industrial.»

(W. O. HENDERSON: *The industrialization of Europe, 1780-1914)*

17/El realismo narrativo en el siglo XIX (1)

El mundo del trabajo, sin idealizaciones ni patetismos, empieza a ser visible para los pintores y escritores. (Courbet, La hilandera dormida. *Museo Fabre Montpellier.)*

Aunque muy ocasional y escasamente, los vencidos hacen sus primeras apariciones en la conciencia artística y literaria.(Imagen en página siguiente. Meisonnier, La barricada. *Museo del Louvre, París.)*

Si cada movimiento literario va preferentemente vinculado a un género, el que se llama por antonomasia «realismo» aparece realizado sobre todo en la gran novelística que llega a su fase modélica en el segundo tercio del siglo XIX –cuyo ejemplo más típico, ya que no el mejor en calidad, podría ser Balzac–. No cabe dar su fecha final, ya que se prolonga, de un modo o de otro, hasta hoy, solo que quedando desplazado de la primera línea de la creatividad literaria. Una posterior modalidad del realismo fue el llamado «naturalismo», que se caracterizó por su cientificismo y por su mayor crudeza en la búsqueda y presentación de los temas –sobre todo, de las miserias de las clases bajas–: para dar un ejemplo de referencia habría que tomar a otro francés, Zola. La novela realista florece en una sociedad de burguesía ya dominante y estabilizada –incluso, cada vez más temerosa de lo que puedan aportar las nuevas clases obreras producidas por la industria–. Su escenario suele ser el de las clases medias o medias-altas, en aventura de ascenso o fracaso, dando un papel especial de contrapunto a la mujer, en cuanto que sus sentimientos quedan sacrificados a los imperativos sociales, especialmente por lo que toca al papel de la familia dentro del montaje de la sociedad –de ahí la importancia de la adúltera, sea la Madame Bovary de Flaubert, la de *El primo Basilio* de Eça de Queiroz, la Regenta de «Clarín», la Ana Karénina de Tolstoi, la Effi Briest de Fontane...–. La novela realista se dirige a un público en rápido crecimiento, a medida que las clases bajas van aprendiendo a leer: incluso, prospera la novela por entregas, sobre todo mensuales, aunque no falten las semanales, que facilitan el pago –incluso se forman grupos en que uno lee en voz alta, y los demás oyen– y contribuyen al precio. Tal forma lleva a dejar cada entrega en *suspense* y a ir variando el desarrollo según las reacciones del público ante cada entrega. En París se llega tempranamente al folletón, la entrega diaria como parte de un periódico –Balzac escribe una novela al año para *La Presse* entre 1837 y 1847. Con eso, va aumentando la distancia entre literatura de calidad y literatura de gran público: es raro que uno de los que hoy consideramos clásicos figurara entre los de mayor éxito. Si *Madame Bovary* tuvo éxito fue por el malentendido de un proceso por presunta obscenidad –con absolución final–. La novela realista es, quizá, el movimiento literario que ha tenido más abierta intención de crítica moral, en un doble sentido, como enjuiciamiento de los individuos, que muestran su carácter en la lucha por salir adelante en una sociedad cada vez más fluida, y como análisis condenatorio del tejido mismo de la sociedad. Este análisis, a la luz de la historiografía económica, puede parecer parcial y superficial, pero resultó en su tiempo algo audaz y nuevo, frente a la milenaria tradición de pasar por alto los hechos materiales de la vida, especialmente en lo que se refiere a las clases más sufridas. Con todo, los escritores «de masas» se las arreglaron para encontrar una línea que, aunque pareciera crítica, respetara, de hecho, las estructuras sociales: para ello venía muy bien acabar poniendo el acento en los sentimientos individuales.

«La Edad del Realismo fue la edad de los ferrocarriles y el telégrafo y de innumerables inventos mecánicos que, en conjunto, revolucionaron la naturaleza de la sociedad y la calidad de la vida humana en poco tiempo. Fue la edad en que lo que se llamaba "filosofia natural" fue rebautizado como "ciencia", habiéndose despojado al fin de los pocos jirones de idealismo especulativo que todavia se le adherian. Fue la edad del nacionalismo y el comercialismo, pero también la edad en que los movimientos revolucionarios internacionales empezaron a amenazar la seguridad de las clases ricas en el poder.»
(F. W. J. HEMMINGS: *The Age of Realism*)

La novela realista, aunque sea seguramente el movimiento literario de mayor uniformidad internacional existente hasta entonces, no deja de tener cierta variedad por países. Y es obligado observar ante todo el caso francés, a pesar de que en Inglaterra la novela realista ya estaba casi madura en el siglo XVIII. Después de Stendhal (1783-1842), precursor que fue poco leído en su tiempo, es H. Balzac (1799-1850) quien lega el modelo típico de este movimiento, con su gran mole de novelas reunidas bajo el título *La Comedia Humana* –frente a la *Divina,* de Dante–, la mayor parte sobre temas parisinos aunque también la provincia interese a su autor, y por lo regular de crítica social, curiosamente, declarándose partidario del «trono y el altar» para atacar a la burguesía. Pero luego Flaubert (1821-1880) hace su crítica de costumbres con fría sensibilidad estetizante que le convierte en precursor del «arte por el arte» en literatura.

18/El realismo narrativo en el siglo XIX (2)

«Hacer reír, hacer llorar», entregarse al sentir popular, ser ídolo de todos: éxito y mérito y debilidad de Dickens.

Al observar el desarrollo de la novela realista en Europa, aparte de Francia, sorprende el caso inglés: después de haber logrado en el siglo XVIII no sólo gracia de estilo y riqueza psicológica, sino un inicio de crítica social, ahora atenúa sus análisis del nuevo mundo industrializado –incluso en Dickens (1812-1870), el más documental a la vez que cómico y sentimental–, dejando paso luego a una narrativa más interiorizada –G. Eliot, y mejor Trollope, cuyo *The Warden* es una de las más admirables novelas inglesas–. En España, los estímulos balzaquianos y dickensianos elevan el género que inicialmente fue de costumbres locales: Pérez Galdós (1843-1920) brilla, más aún que por sus extensos *Episodios Nacionales,* en novelas sobre la problemática clase media madrileña, ricas a la vez en visualidad, en análisis morales y en gracia, mientras la Condesa de Pardo Bazán (1851-1921), aunque un tanto desigual, acierta en *Los Pazos de Ulloa,* y Leopoldo Alas «Clarín» (1852-1901), novelista sólo por excepción, crea una obra maestra en *La Regenta.* Mientras tanto, en Portugal, tras el romántico Castelo Branco, la gran figura de este movimiento es Eça de Queiroz. También hay que aludir a la lenta maduración del género en Latinoamérica, por ejemplo, con el chileno A. Blest Gana y el brasileño Machado de Assis. En Norteamérica, los paralelos no resultan muy exactos, porque Melville, autor de *Moby Dick* (1851) es aún romántico, mientras que Mark Twain (1835- 1910), gran creador sobre todo en *Huckleberry-Finn,* no se inserta en el denso trasfondo urbano, aunque sea provinciano, que caracteriza a este género. Otro caso peculiar, respecto al modelo de la narrativa realista, lo tenemos en Alemania, donde, mientras dura el siglo, la novelística tiene todavía mucho de romántica y goethiana, sin hacerse crítica de la sociedad burguesa urbana –Storm, Stifter, Keller–: en las postrimerías del siglo, el anciano Fontane escribe alguna novela magistral, como *Effi Briest,* pero su sociedad no es propiamente de clase media, sino que está dominada aún por la mentalidad nobiliaria de los *junker.* En Italia, por el enmarque histórico, esta novelística tarda en poder madurar: *Los novios,* de Manzoni, es todavía una novela histórica al modo romántico; luego, Fogazzaro (1842-1911) sobresale cuando tiene cierta distancia temporal –*Pequeño mundo antiguo*–, pero Verga (1840-1922) consigue no sólo dar el tono de la narrativa burguesa, sino aplicarlo al mundo de los pobres pescadores y labradores. Pero quizá en ningún país encuentra este género narrativo frutos tan ricos y variados como en Rusia –donde el tono de crítica es más intenso, también por lo atrasado el pueblo y la dureza de la censura y la autoridad. Ya Gógol (1809-1852), en *Almas muertas,* hace una gran sátira de los hidalgos campesinos, mientras Gontchárov (1812-1891) se burla de la pereza como vi-

Dostoyevski: imposible valorar con frialdad la obra de este agitado escritor a quien Nietzsche tomó como maestro de psicología.

«Casa de los muertos»: la literatura de la prisión tiene ahí su más inolvidable obra clásica. (Acuarela de N. Karazine.)

El gran patriarca de la literatura rusa llegaría a renegar del arte literario en aras de un ideal moralizador y populista. (Tumba de Tolstoi en Jasnaia Poliana.)

Ejemplos de recursos en el realismo narrativo

El narrador habla directamente al lector, enjuiciando a los personajes y señalando hasta qué punto cree oportuno ser explícito:	«Es penoso reflexionar sobre la perfidia de nuestra especie, y, por consiguiente, no seguiremos el hilo de las meditaciones de Jingle mientras dirigia sus pasos a Doctor's Commons. Para nuestro propósito, será suficiente relatar que...» (DICKENS: *Papeles de Mr. Pickwick,* 1836)
Siguiendo la lección flaubertiana el narrador se hace invisible, describiendo objetivamente:	«Habían dado las once en el reloj de cuco del comedor. Jorge cerró el volumen de Luis Figuier que estaba hojeando, estirado en la vieja butaca de cuero oscuro, se desperezó, bostezó y dijo: –¿No te vas a vestir, Luisa? –Luego.» (Comienzo de *El primo Basilio,* de EÇA DE QUEIROZ, 1878)
La cursiva, como recurso del novelista realista para burlarse del lenguaje de sus personajes:	«–Crea usted, amigo Ponte, que ya me habria vuelto tonta si Dios no me hubiera dado la facultad de figurarme las cosas que no he visto... Dicen que hay tantisimas clases de rosas: yo quiero verlas, Ponte, yo quiero *aspirar su aroma.*» (GALDÓS: *Misericordia,* 1897)

cio nacional ruso. Turgueniev (1818-1883), en cambio, aporta una perspectiva pasada por referencias europeas. Pero Dostoyevski (1821-1881) lleva la novelística a un paroxismo de intensidad psicológica, contrastando lo palpable de sus descripciones con la agitación patológica de sus tipos. El gran maestro, con todo, es Tolstói (1828-1910), tanto si se distancia en el tiempo (en la vasta *Guerra y paz),* como si pinta directamente su mundo, sin sacrificar el arte a su creciente pasión moralista. Pero no sería justo dejar de poner a su lado al maestro máximo del relato breve –un tardío subproducto de la narrativa realista que tendrá nuevas formas en el siglo XX–: Chéjov (1860-1904), trágico en tono menor, incluso cuando adopta apariencias humorísticas. En todos estos países, como ya anunciábamos, la narrativa realista proseguirá en el siglo XX, aunque no sea ya la protagonista de la literatura.

19/Simbolismo

El nombre de «simbolismo» se aplicó, con treinta o cuarenta años de retraso, a un complejo movimiento poético francés que poco antes de llamarse así, atravesó la fase del «parnasianismo», por las antologías *Le Parnasse contemporain* (1866-71-76), donde ya se presentaba, con perspectiva histórica, apelando a maestros como Gautier (1811-1872) y, sobre todo, Baudelaire (1821-1867). Por su lado polémico, se trataba del «arte por arte», el rechazo del vulgar mundo real para refugiarse en la «torre de marfil», en busca de la Belleza ideal, hallada a través de la exploración del alma y del cultivo del refinamiento en formas y modales (dandysmo). Socialmente, este apartamiento implicaba una tácita protesta contra el estado de cosas, después del hundimiento de las esperanzas revolucionarias de 1848: una «bofetada al gusto público», al que se aparentaba no tener siquiera en cuenta. En esta situación, dijo Baudelaire, había que ser *dandy* o socialista, y aquellos exquisitos poetas sólo servían para lo primero, por haber roto con la poesía del lenguaje corriente, tipo Lamartine, Musset, Victor Hugo... Baudelaire, sin embargo, no dejaba de ser un poeta profundamente moralista, por más que proclamara: «La poesía no tiene más objetivo que ella misma [...]. La poesía no se puede asimilar, bajo pena de muerte, a la ciencia ni a la moral. Su objetivo no es la Verdad, sino Ella tan

Entonces, dijo Baudelaire, no cabía ser sino dandy *o socialista: él siguió el primer camino, en su poesía y en su persona. (Courbet,* Baudelaire. *Museo de Bellas Artes, Lyon.)*

«El mundo existe para ir a parar a un libro»: he ahí el axioma básico, no solo de Mallarmé, sino de la literatura moderna. (Manet, Mallarmé. *Museo de Louvre.)* ▶

El «puntillismo», *dentro del impresionismo, con* su recomposición visual, sirve muy bien para dar el proceso de construcción de esta torre, aquí inacabada. *(Seurat,* Torre Eiffel. *Museo de Bellas Artes, San Francisco.)* ▶

sólo [...].» Pues este mismo texto continúa así: «Ese admirable e inmortal instinto de lo Bello es lo que nos hace considerar la tierra y sus espectáculos como un avance, como una correspondencia del cielo». El título de «parnasianos» se asocia fácilmente a la temática helenizante predilecta de algunos de ellos –Leconte de Lisle, Banville, Hérédia...–, pero reunió durante algún tiempo, en general, a la poesía nueva surgida, como decíamos, siguiendo las huellas del esteticismo de Gautier y de la cruel y refinada hondura anímica de *Las flores del mal* (1857) de Baudelaire. Hacia 1880 se usó la designación de «decadentes» para muchos de los poetas incluidos en esta corriente: hubo una revista llamada *Le Décadent,* y el propio Verlaine, maestro de las nuevas generaciones en esta línea, les dedicó una *Balada para los decadentes.* Ellos mismos aceptaron, desafiantes, el adjetivo con que se les atacaba, enfrentándose así con la sociedad circundante, como una «aristocracia estética». Pero al perfilarse el decadentismo, surgió una escisión, encabezada por Jean Moréas, que en 1886 lanzó un «manifiesto simbolista», propugnando, mediante el «arte por el arte», un ahondamiento en el mundo independiente de la interioridad anímica, y un modo de mirar las cosas que intuyera sus relaciones significativas, apuntando a «lo inefable, a lo trascendental en el universo». Se tra-

taba, pues, de la toma de conciencia de lo que ya venía haciendo, en primer lugar, Baudelaire, quien, por ejemplo, en el soneto *Correspondencias* señaló las resonancias recíprocas de todas las sensaciones e imágenes, que, adquiriendo así valor de símbolos mutuos, actúan también como símbolos de la «tenebrosa y vasta unidad» del cosmos y el más allá. Por ese camino había seguido también Verlaine (1844-1896), insistiendo en el valor sugerente de lo musical y lo vago en poesía, y, sobre todo, aunque no se valorara entonces, había desarrollado Rimbaud (1854-1891) su efímera y revolucionaria actividad abandonada ya a sus veinte años –primero, en versos de crueldad antisentimental: luego, en símbolos como *El barco ebrio,* hasta llegar a extrañas prosas de «poeta-vidente», después usadas como precedente por el surrealismo–. Pero quien lleva el simbolismo –y, más en general, el esteticismo–, a su extremo de autoconsciencia es Mallarmé (1842-1898): él deja sólo unos pocos poemas, precisamente sobre el tema de la impotencia poética, pero define muy bien por qué ve la poesía como un proceso de simbolización, volviendo al significado original más amplio de «símbolo» como la cosa o imagen que, por convención cultural, representa otras entidades, pero sin nombrar, sugiriendo sólo.

«[La poesia es] el arte de evocar un objeto poco a poco para revelar un estado de ánimo, o, recíprocamente, el arte de elegir un objeto y de obtener de él un estado de ánimo por una serie de descifamientos [...] Es el perfecto uso de ese misterio lo que constituye el simbolo...

[La poesia es] crear, sin el estorbo de una referencia próxima o concreta, la noción pura...

Hablar sólo tiene relación con la realidad comercialmente...

Ahora soy impersonal y ya no el Stéphane qūe has conocido, sino una aptitud que tiene el universo espiritual de verse y desarrollarse a través de lo que fue yo.»

(STEPHANE MALLARMÉ)

20/Modernismo

Poeta, autor de numerosas colaboraciones periodísticas, diplomático..., Rubén Darío fue un cosmopolita de gran receptividad cultural que asimiló diversas influencias, recreándolas con la gran personalidad de su genio, e intentó la fusión de la tradición hispánica con las innovaciones francesas. Fue el impulsor de una profunda renovación de la sensibilidad. «Padre y maestro mágico, liróforo celeste»: lo que él dijo de Verlaine, se lo aplicarían a él los posteriores vates hispánicos. (Vázquez Díaz, Rubén Darío.)

En la lengua en que escribimos, *modernismo* ha sido el decisivo movimiento, de origen hispanoamericano, que, renovando el sentido de la expresión, hizo posible, tras un bache bisecular, todo el florecimiento literario del siglo XX, en ambas orillas hispanohablantes, incluso en el caso de escritores y escuelas que no reconocen tal arranque. El modernismo, a su vez, partía en buena medida de la gran renovación de la literatura –sobre todo, la poesía– en Francia, con el simbolismo y parnasianismo ←[19]–, sin excluir alguna aportación de la lengua inglesa, principalmente norteamericana –Poe, por sus relatos y su poema *El cuervo*...–. Los modernistas, sin embargo, fueron a París, si es que fueron, ya maduros: arrancaban de lecturas encuadradas en el mítico prestigio de la Ville Lumière y de la cultura gala –España, entonces, sólo ofrecía narrativa realista y la excepción de Bécquer–. En unas nacionalidades que se iban consolidando muy difícilmente, los jóvenes literarios se encontraban al margen de la realidad social, y procuraban evadirse –sobre todo, a Europa, a París, o a sus mundos imaginarios–. El modernismo, en su aspecto más superficial, tenía mucha decoración exótica, antigüedades clasicistas con faunos y ninfas de escayola, decorados medievales y fantasías morbosas en ambiente *dandy* –alcohol, nocturnidad, disipación moral, sed de belleza pura–, pero lo decisivo fue que acertó a introducir un lenguaje más rico y refinado. En la forma poética, dio nueva vida a la métrica, y trajo otras dimensiones imaginativas para las metáforas y los temas. El estilo modernista resultaba así exquisito, matizado, sorprendente, por ejemplo, en los colores, no se usaban los acostumbrados elementales, sino una detalladísima paleta («un matiz crisoberilo», dice Lugones de un crepúsculo: «glauco», era otro color predilecto para unos ojos y para el mar). Pero, además, ese lenguaje refinado se hizo capaz de encontrar nuevas bellezas en lo conversacional, incluso con ironía, y a veces recurriendo a lo vago, a lo impreciso –al modo de Verlaine–, todo ello con reciente pretensión de perfección artística. Así, ese estilo novedoso, a menudo superficial, sirvió en ocasiones para una poesía honda –en la primera hora de este movimiento, José Martí dedicó su obra, su vida y su muerte a la independencia de Cuba; y, por citar ya al máximo poeta modernista, Rubén Darío, después de haber hecho triunfar en España el modernismo con sus *Prosas profanas* (1896), escribió versos hondos y combativos en sus *Cantos de vida y esperanza* (1905). Significativamente, Rubén Darío es aceptado como figura inaugural de la nueva época tanto para la historia literaria hispanoamericana cuanto para la española, en la cual todos resultan ser más o menos modernistas –incluso, tardíamente, el inicialmente antimodernista Unamuno, [21] cautivado por el modernista José Asunción Silva–. Otros nombres habría que añadir a éstos: elegimos el del argentino Leopoldo Lugones, porque en su obra, de fuerte componente intelectual, se empieza a gestar lo que luego surgirá con los vanguardismos –a través de los llamados poetas postmodernistas, como el mexicano Ramón López Velarde, que hace ver cómo con un pequeño empuje de experimentalismo se pasaría al lenguaje de la vanguardia (César Vallejo, sobre todo).

En algunas otras lenguas se ha usado también una denominación equivalente a «modernismo» para movimientos literarios más o menos afines: así, en catalán, se dio el *modernisme,* con estética parecida y casi simultánea para ser pronto desplazado por el *noucentisme* (novecentismo): en inglés, en cambio, *Modernism* es el rótulo general de la gran renovación literaria europea que va desde la última década del siglo XIX hasta alrededor de 1930, con variados movimientos, de los principales de los cuales nos ocuparemos en otros módulos.

> «Sí, eran ellos los señalados por el índice de la Suprema Forma, los que abrirían el surco donde quedarían enterradas todas las restricciones, todo lo que se esconde y falta para fertilizar el germen nítido y vigoroso de la Escuela Futura. Ellos tenían la percepción de lo abstracto, de lo finamente subalterno, de lo levemente punzante, de lo fuertemente nostálgico, de lo imposible que –al ser– cristaliza en roca. Sensaciones apenas desviadas y precisas, que fecundarían el supremo arte, porque en ellos estaba la fuerza de las auroras y de las noches, la fe, que preña lo que no nos es dado ver, para que las generaciones futuras tuvieran un arte tan sutil, tan aristocrático, tan extraño, que la idea viniera a ser como una enfermedad de la Palabra. Era su triunfo, el de los que habían visto algo más que un desorden en la incorrección de un adjetivo y algo más que una tensión vibratoria en el salto audaz de ciertas formas de estilo. Otra vida para las letras, porque los hombres eran otros. El Clasicismo había *representado:* el Romanticismo había *expresado:* ellos *definían.*»
>
> (HORACIO QUIROGA)

Aunque extensión de la poesía, la prosa modernista es la base –no siempre reconocida– de los posteriores logros realistas hispanoamericanos.

La Ville Lumière *era la meca, más o menos ideal, de los modernistas hispánicos: allí estaban sus raíces literarias. (Alfons María Mucha, cartel para* Sara Bernardt. *Museo del Teatro, Barcelona.)*

21/La generación española del «98»

La llamada «generación del 98» española resulta hoy claramente visible en el horizonte histórico, y, sin embargo, la gran originalidad y diversidad de los escritores que la componen hace difícil explicar su comunidad. (No está de más, tampoco, recordar que su denominación no se acuñó hasta 1913, por sugerencia de un político, Gabriel Maura, recogida y difundida por uno de ellos, «Azorín»). Estilísticamente, esta generación surge a la vez que triunfa el modernismo ←20 como tono dominante, pero es muy variable la dosis que reciben de ese estilo; Unamuno sólo acepta tardíamente y de mala gana algo de su influjo, Antonio Machado lo adopta, en buena medida, pero para entrar en una aventura espiritual y moral muy poco modernista; Valle Inclán es típicamente modernista; «Azorín», muy poco; Baroja, nada... Y sin embargo, sería erróneo definir a esta generación sólo por su preocupación nacional e histórica –sintomatizada por el hecho de que se les designara con la fecha de la pérdida de las últimas colonias españolas en América y Filipinas–, añadiendo, por ejemplo, que todos ellos proceden de áreas periféricas, pero se establecen en Madrid –Unamuno en Salamanca–, adoptando el austero paisaje castellano como símbolo de sus anhelos interiores, a la vez que como testigo del largo proceso de decadencia del país. Sus afanes de regeneración nacional, aunque intensos y sinceros, no encuentran ninguna vía de posible realización: Antonio Machado es quizá el único –en parte, también Valle Inclán– que, tardíamente, llega a reflexionar sobre política en sus términos propios. Por otra parte, entre ellos había una relación compleja: así, A. Machado consideró siempre «maestro» suyo a Unamuno, a pesar de la poca diferencia de edad (1875-1939, 1864-1936, respectivamente). Acaso, para ver su unidad y entrever su valía literaria, deberíamos mirarles en una perspectiva inversa, desde antes, contrastándolos con la llamada «generación de la Restauración» (1875), con hombres como Galdós, «Clarín», M. Pelayo... Los del 98, vemos entonces, to-

> «[Esta generación] se ha iniciado en la vida intelectual teniendo ante su vista un espectáculo tremendo: el del Desastre. El Desastre significaba la quiebra ruidosa, clamorosa, de multitud de ideas y sentimientos hasta aquel momento válidos, prestigiosos. Desde 1898 para acá ya la critica politica y social se va sistematizando: se robustece una convicción capital, esencial: la de que es preciso un cambio radicalisimo en la vida española.» (1912)
>
> Sobre la generación de 1898 [...] ha influido Nietzsche, han influido los pensadores anarquistas, han influido el paisaje de Castilla y las viejas ciudades, ha influido la pintura.» (1914)
>
> (AZORIN)

«Tú me levantas, tierra de Castilla, en la rugosa palma de tu mano...», escribió Unamuno, hablando en nombre de todos los noventayochistas.

El gran vasco enraizado en Salamanca, poderoso y quizá irritante, habló desde el problema último del hombre: la muerte. (Solana, Unamuno. *Col. Vda. de la Serna, Madrid.)*

En su totalidad en desarrollo, desde el verso a la prosa, la obra machadiana es quizá la más profunda meditación de nuestro siglo español. (Retrato de A. Machado. *Ateneo, Madrid.)*

maron el lenguaje con voluntad de arte a la vez que con voluntad de análisis moral y social. Incluso el decano de ellos, Unamuno, a primera vista poco interesado por lo estético, no deja de luchar por la forma, si bien algo tardíamente: al entrar en este siglo, ya maduro y famoso, empieza incluso a escribir versos, desarrollando desde entonces una vasta obra poética, que aunque no valorada suficientemente por muchos, se hace el centro de su labor, y, precisamente, la dimensión por la que más merece una estima estrictamente literaria –junto, seguramente, con algunas de sus narraciones–. Ahí es donde su angustia religiosa –el deseo, pero la incapacidad, de superar su propia egolatría, para entregarse al dios que le hiciera inmortal– encuentra la expresión más clara. Contrario –o mejor, «complementario»– es el caso de A. Machado, a quien su reflexión, cada vez más profunda, le lleva a no poderse contentar con el verso –su verso, despegadamente modernista–, y llega al fin a crear una prosa de ideas, clara e irónica, que, en estricta perspectiva literaria, resulta más moderna y personal que su propio verso. Su gran tema –el afán de salir del Yo hacia el Otro, y el reconocer que la inteligencia no conseguirá esa liberación, que sólo cabe esperar a fuerza de no creer en el pensamiento– queda completa así en ese tránsito del verso a la prosa. Análogas aventuras desarrollaron otros miembros de la generación: J. Martínez Ruiz –luego «Azorín»– tiene que inventar, brusca y deliberadamente, un nuevo estilo –sencillo, directo, transparente– para mirar la realidad española: por su parte, Baroja, sin proponérselo, sigue un camino análogo, por desprecio a toda retórica. Mientras Valle Inclán, al principio dado a pirotecnias verbales, llega a través de ellas a una amarga sátira de su España presente y reciente –esperpéntica, por antonomasia–. Si otros escritores de esa promoción no llegaron a la altura de los maestros que aquí nombramos, no fue seguramente por diferencias intelectuales y políticas: su poder de lenguaje no les llevó a la misma capacidad de mirar la realidad.

22/Renovación de la narrativa europea a comienzos del siglo XX

Inicialmente hay una clara diferencia en el movimiento de la narrativa en la primera mitad de este siglo, entre los escritores que replantean la esencia misma del arte literario y aquéllos que prosiguen el desarrollo del género sin mayores conflictos ni crisis –e incluso llevando a veces adelante el proceso de refinamiento estético de la novelística iniciado por Flaubert–. Aludiremos, ante todo, a quienes renuevan el sentido del narrar de un modo tan radical que, a la larga, cabe preguntarse si no ponen en cuestión la pervivencia de esa forma de la literatura. Nos referimos a unos pocos nombres señeros que convierten la novelística, antes género más o menos popular y de entretenimiento, en un análisis profundo del ser y la mente del hombre. Por un lado, hay que considerar la magna obra de Marcel Proust (1871-1922), *En busca del tiempo perdido,* que, sobre todo al final de sus doce volúmenes, llega a mostrarse más bien que como unas memorias noveladas, según pudo parecer al principio, como una investigación teórica sobre el tiempo, la memoria y la expresión literaria. Uno de los aspectos de esa reflexión es abandonar la tradicional idea de la literatura como expresión de un yo personal: ahora se reconoce que el «yo» que habla en el texto no tiene por qué coincidir con la identidad del autor, demasiado elusiva y cambiante aun para él mismo. Con ello se establece un paralelo con lo pensado por otros autores del momento, filosóficos y literarios, al poner en cuestión la idea del «yo» como punto de referencia fiable. Por otro lado, James Joyce (1882-1941) va aún más lejos en ese autoanálisis de la conciencia humana a través de su actividad narrativa, al reconocer algo que ya habían señalado ciertos escritores románticos alemanes, pero que quedó olvidado –salvo por parte de Nietzsche– hasta que lo volvieron a pensar algunos lingüistas, como Saussure; algo tan ob-

El milagro de la memoria, y el afán –y la imposibilidad– de perpetuar una experiencia concreta del pasado, llevan a Proust a su gran reflexión.

La obsesión y el vicio de la palabra, la conciencia de que el hombre es «animal hablante»: ese es el tema de la narrativa joyceana. (Joyce, Galería Nacional de Retratos, Londres.)

Un trozo de «Ulises»: El señor Bloom oye música

«Amor que canta: vieja y dulce canción de amor. Bloom desenvolvió lentamente la tira elástica del paquete. Dulce y vieja de amor *sonnez la* oro. Bloom enlazó una madeja en torno a cuatro dedos en tenedor, la estiró, la aflojó y la ató en torno a su turbado doble, cuádruple, en octava y los ató fuerte.

–Lleno de esperanza y todo encantado...

...Ternura rebosada: lenta, creciente. A todo latir. Asi es la cosa. ¡Ah, dale! ¡Toma! Late, un latir, un pulsar orgulloso erecto.

¿Palabras? ¿Música? No: es lo que hay detrás.

Bloom enlazaba, desenlazaba, anudaba, desanudaba.

Bloom. Inundación de caliente jaleojalea lámelotodo secreto fluia para fluir afuera en música, en deseo, flujo oscuro para lamer, invasor. Tocarla toparla tentarla tirarla. A tope. Poros a dilatar dilatándose. Top. El gozo el tocar el calor el. Top. Derramar sobre compuertas chorros derramados. Inundación, chorro, flujo, chorro de gozo, latido top-top. ¡Ahora! Lenguaje de amor.»

(J. JOYCE)

vio como rara vez reconocido: que la actividad mental, lo específicamente humano de la vida, consiste en hablar. Incluso cuando estamos solos, nuestro pensamiento se mueve inevitablemente hablando por dentro, en lo que algunos han llamado «monólogo interior», pero que sería más exacto llamar «diálogo interior» –porque no se desarrollaría si no hubiera en la mente una dualidad, un reparto de papeles, en constante réplica contra lo que empieza a proponerse a sí misma en cada momento–. Ya algunos narradores de fines de siglo comenzaron a situar en primer plano, no las acciones y las palabras en voz alta de los personajes, sino su verbalización interior: así, en forma resumida y un tanto indirecta, lo hace «Clarín» en *La Regenta*: con mayor ambición psicológica, lo hace también H. James, acuñando incluso la expresión «corriente de conciencia» para indicar ese proceso vital que la literatura quiere reflejar. Pero esto lo lleva a su forma extrema y decisiva James Joyce, sobre todo en *Ulises* (1922), donde se cuenta dieciocho horas de las vidas de dos personajes, basándose en su «palabra interior», aparte de que cada capítulo establezca, sobre esa línea básica, otro estilo, diferente en cada caso, como alarde de ironía en la caricatura literaria. Después, en *Finnegans Wake,* Joyce se hunde en un oscuro desarrollo de sueños e inconsciencia, al hilo de continuos juegos de palabras, no siempre muy divertidos. A partir de Joyce, como en un «giro copernicano», la narrativa y la literatura, y aun toda la cultura, tendrán que atenerse a que el hombre es, ante todo, palabra, con la humildad y la comicidad que esto implica. Mientras tanto , algún otro escritor apuraba el ser mismo de la narración en otros aspectos: no tan revolucionariamente, Virginia Woolf daba de modo poético el fluir del tiempo en la conciencia de sus personajes: en otro sentido muy diverso, Kafka creaba un alucinante mundo en que la absurda lógica de los sueños invadía el mundo de la vigilia, que, a esa luz sarcástica y de pesadilla, mostraba su falta de lógica y su exceso de coherencia mecánica, administrativa y lingüística. Y no cabe olvidar a otros renovadores –o liquidadores– de la narrativa, como Musil, en su obra inacabable...

Sin transfiguraciones líricas, la rememoración del mundo dublinés le sirve a Joyce para comprender su propio mecanismo mental y verbal.

23/Otra narrativa de este siglo

Casa de Faulkner en Oxford, Miss., anterior a la Guerra de Secesión, aunque restaurada por el autor.

«El maestro del género del silencio», se llamó a Bábel, por su escueta narrativa, directa y esencial. (Fragmento de la portada de Caballería Roja, *Isaak Bábel. Barral Editores.)* ▶

Aparte de los grandes renovadores radicales de la narrativa, como los señalados en el apartado anterior, el arte de la novela, en su mayor parte, sigue su camino en nuestro siglo con aparente fidelidad a los puntos de partida heredados, pero cada vez incorporando mayor dosis de la nueva conciencia y los nuevos planteamientos imaginativos y lingüísticos. Llega un momento en que se produce una paradoja: los que adoptan estilos más visiblemente «vanguardistas» pueden ser a veces menos originales que algunos nuevos creadores que incorporan los descubrimientos del primer cuarto de siglo a un sentido aparentemente sencillo de la narración. No en todos los países ocurre esto de la misma manera –ni aun necesariamente de alguna manera–: señalamos algunos casos. Tal vez el más problemático sea el francés, donde –probablemente porque la aportación de Proust era más analítica y lírica que propiamente novelística– la novela sigue hasta mediados de siglo basando su interés sobre todo en la temática, tratada por medio de versiones filtradas y refinadas de la tradición, es decir, viendo en la novela, primordialmente, un «medio». Pensamos en escritores como Gide, como la intimista y costumbrista Colette, como los católicos Bernanos y Mauriac, o, luego, en exaltadores de la vida humana, bien al modo de Saint-Exupéry, el épico de la primitiva aviación, o al de Malraux, en quien la lucha política se une al interés del exotismo; o, más próximos a nosotros, los nuevos críticos de la moralidad individual y social, Camus y Sartre... Es significativo que la excep-

Leer una obra de Mann es participar en un debate, no compartir una experiencia directa. ▶

Faulkner: ahora el escritor, devorado por su oficio de dar testimonio de una realidad, no se impone como valorador de personas y acciones: es más cámara fotográfica que juez.

ción de la regla fuera entonces Céline, narrador en frases coloquiales y jadeantes, abiertas en puntos suspensivos y cargadas de palabrotas, anárquico hasta ser reaccionario y aun filonazi. Luego, en la segunda post-guerra, vendría el *nouveau roman* de Robbe-Grillet, los neo-experimentalismos de Butor, Duras, Sarraute..., con cierta frialdad, por no haberse aprovechado en su momento el de la primera post-guerra. En Inglaterra, mientras que, como vimos, el irlandés Joyce y Virginia Woolf renovaban la narrativa, seguía dominando la línea tradicional, en la aventura de Conrad, en el vitalismo sexualista de D. H. Lawrence, o en las inteligentes fantasías –casi «ciencia ficción»– de A. Huxley, seguido éste, con seriedad menos atractiva, por Orwell en su *1984*. En cambio, en Estados Unidos, sin haber estado en la primerísima hora de la vanguardia narrativa más que con los microscópicos análisis de G. Stein, luego la novela social –Sinclair Lewis, Scott Fitzgerald– deja paso a una creciente incorporación de la experiencia renovadora. En el caso de Dos Passos esto ocurre, quizá, de modo algo mecánico, y no sin influencia de la cinematografía en superposiciones de imágenes y montajes, pero Faulkner da nueva vida a la herencia joyceana y woolfiana sin perder el marco –más o menos irónico– de «novelista de costumbres». En él, por ejemplo, la «palabra interior» puede ser la de un retrasado mental, sin perjuicio de alternar con descripciones de objetividad flaubertiana. En tal estado de cosas es difícil clasificar, digamos, a un Hemingway: ¿es tradicional, o su sencillez es resultado eliminatorio de su conocimiento

de la vanguardia? Algo de esto pasa con las siguientes generaciones –Bellow, Updike...–. En Alemania, por contraste, la narrativa ha seguido siendo, en todo el siglo, presentación de ideas y problemas morales: Thomas Mann es, sin duda, el más claro exponente de esa situación, en compañía del célebre Hesse, de Jünger.. La novela expresionista –Döblin– no llegó a ser vanguardista: los escritores de después de la guerra –Böll, Grass–, o bien optan por la sencillez cristalina, o reanudan el expresionismo con mayor complejidad en el debate psicológico. En Rusia, la novela tuvo su momento de mayor renovación en torno al tiempo de la Revolución –Biely, Paustovski–: después, Shólojov y Bábel son tradicionalistas refinados, y los más recientes –Solzhenitsin– se entregan al debate de ideas. En Italia está quizá el caso más interesante de una pureza que no se sabe ya si es tradicional o renovadora; a partir del realismo de Moravia y Vittorini, Pavese obtiene la gran cima de tensión narrativa.

«Desde el punto de vista del sociólogo, el siglo XX empezó en 1914... Eso crea una dificultad para el historiador que toma como punto de partida el apogeo de la civilización burguesa en torno a 1900. El modo de ver dominante en filosofía, ciencia y arte, hasta entrados los años veinte se fundamentaba en modelos decimonónicos. Por otra parte, las fuerzas que crearon un nuevo tipo de cultura ya estaban actuando en torno a 1900, tanto si se piensa en la ciencia física, en la tecnología, el psicoanálisis, como en la música y la pintura modernas...

... El alejamiento respecto al humanismo y al romanticismo ocurrió simultáneamente en poesía, pintura y música, pero se tardó algún tiempo en que todos los interesados se dieran cuenta de que estaban empeñados en la gran tarea de crear un nuevo estilo europeo.»

(G. LICHTHEIM: *Europe in the twentieth century*)

24/La renovación del teatro en el siglo XX

En comparación con otros dominios literarios, el teatro es quizá el que menos ha radicalizado su renovación formal –incluso ésta ha ido un tanto a remolque del cine, arte tanto de palabra cuanto de imagen, pero que no se suele incluir en la «literatura»–. Al comenzar el siglo, aparte del teatro, técnicamente conservador, concebido como debate de ideas –G. B. Shaw–, y del teatro como análisis de la identidad psicológica a través del juego escénico –Pirandello–, la línea más prometedora es la que parte del expresionismo del sueco Strindberg –inicialmente más tradicional, pero volcado al fin a dramas de espectral simbolismo–. Esta línea se une con la del llamado «naturalismo» de Wedekind, en que la hiriente intensidad de sus problemas pone en cuestión su aparente realismo, exigiendo una renovación estructural, como ocurre con el vienés Schnitzler, capaz de abandonar la redondez del argumento. Esa línea irá a parar, en los años veinte, al teatro social –Kaiser, e incluso el mismo Brecht, quien sin embargo, requiere consideración aparte. A título de contraste ilustrativo, cabe pensar en el teatro excesivamente «literario» que se iba haciendo en Francia –incluso en verso, con Claudel–: en todo caso, utilizando como base de novedad el juego con la tradición literaria misma –Giraudoux, Anouilh–, en referencia a veces tácita, a veces explícita, como al variar temas de tragedia griega. Pero es la sacudida de la Primera Guerra Mundial, de la Revolución soviética, dc la irrupción del cine –aún mudo– lo que da nueva vida a la aludida línea teatral en ámbito germánico. Y eso tiene lugar sobre todo en la obra de Bertolt Brecht, ya que no se limita a renovar el sistema del espectáculo, sino que encuentra un nuevo lenguaje –incluso, aunque esto sea sólo un problema nacional, logrando un tono que fuera a la vez coloquial y no vinculado a ninguno de los dialectos germánicos–. Este teatro, contra el tradicional precepto de emocionar totalmente al espectador para, como dijo Aristóteles, purificarle de pasiones y emociones, es un teatro frío, distante, con «extrañamiento» *(Verfremdung)*, más contado que efectivamente acontecido en escena, de modo que el espectador pueda analizar críticamente los problemas éticos y políticos que se le presentan. Los actores interpretan sus papeles con cierta ironía, y a veces abandonan la acción para entonar una canción, con musiquilla propia del *cabaret* literario del Berlín de los años veinte. Con lenguaje cínico y crudo de marxista, Brecht introdujo un teatro que ya no puede ser ignorado.

A su lado, resultaba más superficialmente técnica la renovación escénica norteamericana que se centra en O'Neill, y que cuenta con nombres

Un nuevo lenguaje, cínico, duro, desvelador de todas las hipocresías sociales y económicas, encuentra en la escena su mejor desarrollo. (Brecht, La boda de los pequeños burgueses.*)*

Un teatro surgido bajo el imperio del cine, inevitablemente es llevado a la pantalla, pero perdiendo así parte de su valor. (Miller, Muerte de un viajante.*)*

como Th. Wilder, Odets, Tennessee Williams, Miller, y –ya en parentesco con el «teatro del absurdo»– Albee: ahí caben incluso dos voces en un mismo personaje, simultaneidades, saltos atrás, pero el lenguaje es el mismo de la novelística corriente. Poco después, para referirnos al caso español, se ve cómo desde el lenguaje vivido con plena intensidad poética era posible –Lorca, Valle Inclán– dar al teatro una nueva vida que no se basara en la reestructuración del sistema de la escena. La dificultad del problema queda evidenciada por la mediania del teatro de ideas de un Sartre –superada por la mayor radicalidad de Gênet–: el planteamiento adecuado, y a la vez, quizá, la aceptación del fracaso, se produce en el «teatro del absurdo», en que Beckett, el discípulo de Joyce, convierte sus obras en una suerte de «autos» simbólicos, con las palabras reducidas a estertores elementales –a susurros de la costumbre, en el caso de Pinter–, mientras que Ionesco produce piezas de intencionado despropósito que, sin embargo, acaban requiriendo volver a transparentar una intención satírica –en *El rinoceronte*–. El teatro, evidentemente, es la forma literaria más corroída en su razón de ser por la creciente hegemonía de la forma cinematográfica, que, también a través de la pequeña pantalla televisiva, configura decisivamente la mente del hombre actual.

En Yerma, el lenguaje dramático lorquiano está a medio camino entre la lírica y el realismo dramático de La casa de Bernarda Alba.

Un aspecto meta-teatral en el teatro moderno: el silencio

«Con cierta exageración, se podria rotular la dramaturgia moderna "la estética del silencio". Nunca hasta ahora se habian desarrollado tan audazmente las tendencias fragmentarias, en tono menor, inarticuladas, y aun incoherentes y francamente no-verbales. Cierto que en obras anteriores no era insólito que los personajes quedaran silenciosos, pasmados, sorprendidos o aterrados, pero tales momentos seguian siendo teatrales como parte del contexto de la obra, no como un comentario a ella.»

(J. Fletcher y J. M. Farlane: *Modernist Drama*)

O'Neill: la complejidad técnica del nuevo teatro se combina con su complejidad cultural, al aludirse a falsillas dadas por la literatura clásica.

25/La poesía post-simbolista

El movimiento de la poesía, en el primer cuarto o tercio de nuestro siglo, se bifurca en dos sentidos, no del todo separados, y que derivan ambos del simbolismo –en el caso hispánico, pasando por la etapa del modernismo [20], y con sus mejores logros en la generación del 98 [24]–. De esos dos sentidos, uno ha de rotularse como «vanguardismo»; el otro, menos dado a lo experimental, no es tan fácil de etiquetar, permaneciendo más cerca de su arranque simbolista, pero, por otro lado, teniendo su interés en las grandes personalidades poéticas más bien que en las tendencias en que se insertan. Aludimos en este apartado al ámbito menos unificable bajo un nombre de «ismo». En el caso francés resulta claro el contraste: mientras que, a través de Apollinaire –como indicaremos en el siguiente módulo–, se deriva hacia los vanguardismos más radicales, hay poetas de gran tonelaje propio, como Valéry, cuyo intelecto, estremecedoramente agudo en su prosa, le lleva a desarrollar una poesía, al parecer simbolista, con una ironía distante, más como observación de un ejercicio mental que como expresión de sentires humanos. Sin olvidar algún caso más tradicional, como el de Claudel, hoy día, póstumamente, crece también la imagen de St. John-Perse, quien, en grandiosos versículos de evocación nostálgica o fantástica, estaba ya incorporando audacias que, aun sin exhibición, no quedaban a la zaga de los vanguardismos. En el ámbito germánico destaca el caso de Rilke, en una evolución más aparente que real, pasando desde una lírica aún simbolista de temática religiosa a una poesía objetivadora, visual, pictórica, al modo de Cézanne –en contra del tradicional subjetivismo romántico de la lírica–, para llegar a una época final –*Elegías de Duino, Sonetos a Orfeo*– en que el poeta, en tono de vidente exaltado, canta toda una visión del cosmos dotado de sentido por la palabra. Sin embargo, en el fondo, la clave constante de esta poesía es quizá el esteticismo: lo que se canta es el destino del poeta en cuanto entregado sacrificialmente a su arte con olvido de su persona. En España hay un insigne poeta en este ambivalente territorio poético: Juan Ramón Jiménez, quien durante algún tiempo desarrolla una lírica a la vez sentimental y refinada, pero que, en torno a 1917, pasa a otra posición más intelectual y en cierto modo metafísica, en giro que contribuirá decisivamente, con mayor o menor aporte vanguardista, al surgimiento y maduración de la generación de 1927. En Hispanoamérica, en cambio, es más gradual el tránsito desde el modernis-

Valéry: *«En el extremo de todo pensamiento hay un suspiro»: «Variación sobre Descartes: a veces, pienso, a veces, soy».*

«Oh vieja maldición de los poetas: que se quejan cuando deben decir...» La poesía quiere ser ahora arte objetivo. (Paula Modersohn-Becker, Rilke.)

Objetivación antirromántica en la poesía

...Oh vieja maldición de los poetas,
que se quejan cuando deben decir,
que siempre opinan sobre sus sentires
en lugar de formarlos, y suponen
que lo que en ellos es triste o gozoso
sabrían y podrían en poemas
llorarlo o festejarlo. Como enfermos,
convierten en lamento su lenguaje
para decir dónde les duele, en vez
de transformarse, duros, en palabras,
como el cantero de una catedral
se transforma en la calma de la piedra.»

(RILKE: *Réquiem por un poeta*)

mo [20] rubeniano a la incorporación de los vanguardismos [28] en Vallejo y Neruda. El caso ruso es especialmente interesante, por ocurrir la Revolución de 1917 en plena madurez de la generación de grandes poetas simbolistas que incluye a Blok, Biely, Esenin y Mayakovski: ya habían empezado algunos de ellos a aceptar influjos del vanguardismo –sobre todo del futurismo– cuando se incorporan a la Revolución, pero lo cierto es que entre ellos sólo llega a ser propiamente vanguardista algún poeta menos importante, como Jlébnikov. En Italia, el movimiento poético discurre de modo peculiar: el futurismo deja poca huella, y en lugar de vanguardismo propiamente dicho, la tardía experiencia de los que debían ser herederos del simbolismo –Montale, Ungaretti...– consistirá en una reducción de la expresión poética a su esencialidad más breve y pura. Dejamos para el final el caso de la lengua inglesa –donde es mejor, entonces, no distinguir ingleses, irlandeses y norteamericanos–: al comenzar el siglo se insinúa un contraste entre el simbolismo cargado de mitos de Yeats y el post-Romanticismo, coloquial, casi prosaico, de Hardy. Este tendrá su herencia propia –de Frost a Graves–, pero T. S. Eliot crea una línea ambigua, aprovechando ambas posibilidades, a la vez que supera y anticipa a los vanguardistas propiamente dichos –como Pound– con construcciones poéticas de sabia arquitectura en que usa materiales literarios que hacen pensar en esculturas de trozos de hierro que fueron piezas de máquinas.

Concentrado sobre los temas de la belleza y la poesía, con un ritmo interior que se ajusta al poema sin someterse a las imposiciones de los moldes métricos tradicionales, el Andaluz Universal, el super-poeta, fue el educador de toda una generación de poetas, entregado religiosamente a su ser lírico. (J. de Echevarría, Juan Ramón Jiménez. *Ateneo, Madrid.)*

26/El vanguardismo en poesía

Para entender el desarrollo de los más radicales vanguardismos poéticos en el primer cuarto de este siglo, resulta muy conveniente tener en cuenta su paralelo en la pintura –así, cubismo, suprematismo ruso, que es lo que luego se llamaría pintura no figurativa, etc.–. Y ello no sólo porque haya ahí otra manifestación del mismo impulso renovador, replanteando sus propias bases estéticas, sino también porque la poesía, entonces, se hace pictórica ella misma, como juego de análisis y montaje de imágenes, componiendo nuevas maneras de ver a través de la palabra. No es un azar que el personaje clave, en París, en este proceso, fuera Apollinaire, poeta y principal animador de los cubistas, simultaneístas, etc.; ni que en Italia, el futurismo de Marinetti fuera tan visual como verbal, mientras que en Rusia su paralelo o derivación se llamara «cubofuturismo», mezclando así lo pictórico con lo literario, a la vez que en el ámbito escandinavo-germánico la aplicación del rótulo «expresionismo», desde la fase final del teatro de Strindberg hasta –en los años veinte– la narrativa de Döblin y la primera época de Brecht, se hace conscientemente por traslado del término que, en la historia de la pintura, abarca desde Van Gogh y Munch hasta Grosz y Beckmann –un arte patético, casi caricaturesco, más interesado en la expresión psicológica que en la renovación de las formas visibles–. Apollinaire, para volver a él, extrema algo que ya estaba en ciertos simbolistas –Mallarmé, y aún más, Laforgue–: la acumulación de imágenes que, sin explicarse lógicamente por qué van una junto a otra, producen entre to-

La radicalidad pictórica del «suprematismo» ruso forma un correlativo visual con el intento de replanteamiento del ser de la poesía. (Malevith, Ocho rectángulos rojos. *Museo Municipal, Amsterdam.)*

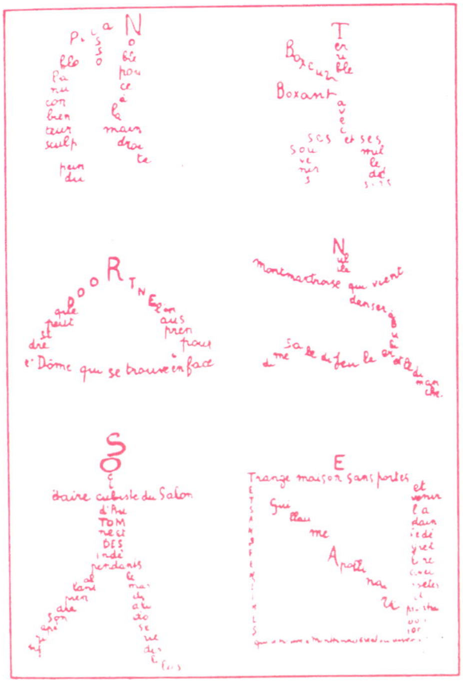

Hasta la visualidad del poema impreso vale como sugerencia de imagen que se combina con las imágenes internas del texto. (Caligrama, *Apollinaire.)*

Un poema creacionista

ANGELUS

Sentado en el columpio
el ángelus dormita
Enmudecen los astros y los frutos
Y los hombres heridos
pasean sus surtidores
como delfines liricos
Otros más agobiados
con los rios al hombro
peregrinan sin llamar en las posadas
La vida es un único verso interminable
Nadie llegó a su fin
Nadie sabe que el cielo es un jardin
Olvido
El ángelus ha fallecido
Con la guadaña ensangrentada
un segador cantando se alejaba

(GERARDO DIEGO)

das una evidente atmósfera o panorama correspondiente a un estado de ánimo, y, a veces, todo un mundo humano. Es algo equivalente al fotomontaje, y, en especial, al *collage*, el pegar materiales gráficos, previamente usados, como parte de una composición plástica. El lenguaje, así, se vuelve insólito, al no seguir los cauces y nexos del discurso habitual, sino romperse y recomponerse con intención imaginativa de creación total. Por su parte, el futurismo de Marinetti, aunque superficial, aportó un estímulo de dinamicidad deportiva, tratando de dar la impresión del movimiento y la energía, más bien que ningún objeto determinado. Pero el extremo de la radicalización se alcanzó en el dadaísmo. *Dadá*, más que pintura y literatura, fue un espectáculo provocativo, un gesto de destrucción del lenguaje y de las representaciones visuales. En Zurich, en la neutral Suiza, en medio de la monstruosidad de la guerra europea, un desertor alemán, Hugo Ball, luego dedicado a la vida religiosa, en colaboración con su mujer, la cantante Emuy Hennings, y con el poeta rumano, de lengua francesa, Tristan Tzara, organiza en el Cabaret Voltaire, en 1916, unas veladas de aniquilación estética, por ejemplo, componiendo «poemas» con palabras tomadas al azar, o recitando a la vez varias sartas de sílabas sin sentido. «El pensamiento se hace en la boca», proclamaron agresivamente, y es curioso que esto se haya vuelto no sólo aceptable sino casi axiomático para la lingüística, a partir del *Curso* del ginebrino Saussure (1916). Dadá, desde 1917, publicó varios números de una revista, cuya composición tipográfica influiría decisivamente en el posterior estilo de las artes gráficas: a ella se incorporaron otros que luego se llamaron «surrealistas» 27→. Su historia de escándalo y renovación sería en buena medida absorbida por este movimiento, predominantemente francés, aunque de hecho el dadaísmo fuera no sólo anterior, sino muy diverso en su pretensión radical –en España, con eco en el «ultraísmo» y en el «creacionismo» de G. Diego y el chileno Huidobro, que pretendió, no ya representar, sino crear una nueva realidad independiente en el poema.

27/Un vanguardismo: el surrealismo

El término «surrealismo» es algo anterior a la constitución del movimiento literario y artístico así llamado: Apollinaire –otra vez le nombramos–buscó un nombre para su tendencia a hallar algo por encima de la realidad inmediata, y, tras de considerar *sur-naturalisme*, prefirió *surréalisme* –que durante algún tiempo se tradujo, literariamente, como «superrealismo», hasta acabar prevaleciendo el afrancesado «surrealismo», acaso por permitir también la sugerencia de un sentido de «sub-realismo». Pero Apollinaire sólo usó ese vocablo para llamar *drame surréaliste* a una pieza suya de 1917; más adelante, a partir de 1922, lo adoptaría oficialmente el grupo que, desde 1917, había sido la rama francesa del dadaísmo. A la cabeza de ese grupo –con Aragon y Éluard– estaba el médico y literato André Breton, a quien su interés por Freud y su trabajo psiquiátrico en la guerra le hicieron interesarse sistemáticamente por escarbar en el inconsciente, a través del gran agujero abierto en la mente literaria por la explosión de Dadá. En 1922 se produce la ruptura con Dadá, en un acto de violencia pública muy en el estilo espectacular de esa tendencia, y en 1924 aparece el Primer Manifiesto

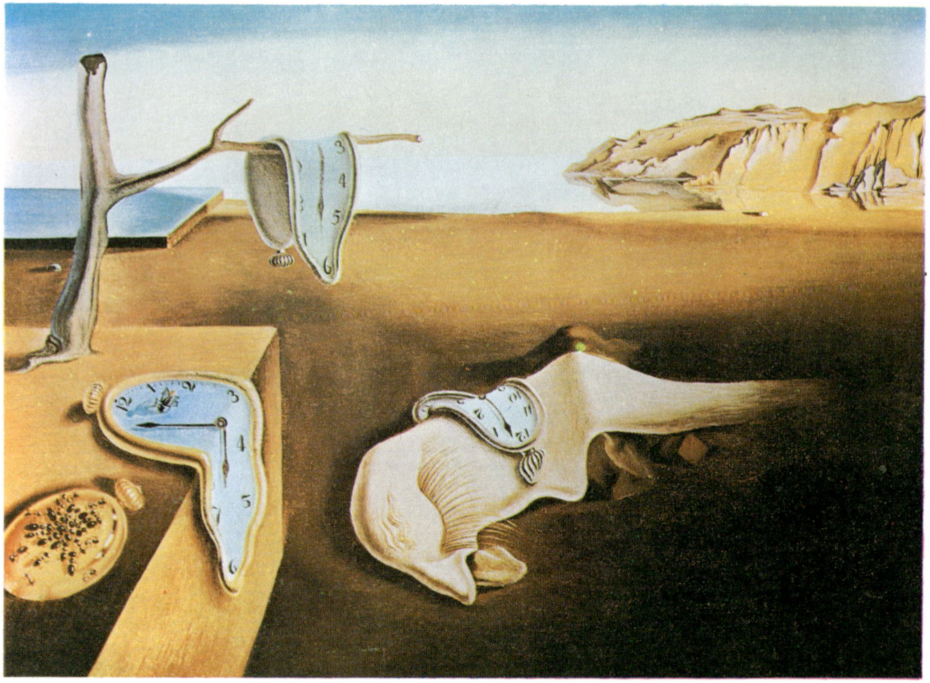

Como en esta pintura, en el surrealismo más puro el estilo es neutral, simple vehículo de exteriorización del inconsciente. (Dalí, La persistencia de la memoria *o* Los relojes blandos. *Museo de Arte Moderno, Nueva York.)*

de este movimiento, publicándose también la revista *Surréalisme* y estableciéndose una Oficina de Investigaciones Surrealistas, cuyo nombre ya sugiere el designio casi más científico que estético de este movimiento, autodefinido como «automatismo psíquico puro por el cual alguien se propone expresar verbalmente, por escrito o como sea, el funcionamiento real del pensamiento». Los surrealistas invocan antecesores en el siglo XIX, sobre todo el «Conde de Lautréamont» y el Rimbaud en prosa, en respuesta a cuya famosa frase «Yo es otro», ellos apostillan: «el yo es aquí más odioso que en ninguna parte». Para los surrealistas, la inspiración no es una gracia ni un estado incontrolable, sino una facultad que se ejercita y cabe manejar. La técnica más usada es la de la «escritura automática»: escribir con la mayor rapidez posible durante largo tiempo, evitando toda conexión lógica, hasta que se obtenga una exteriorización del inconsciente con la máxima autenticidad. En 1921, Breton y Soupault seleccionan y alternan fragmentos suyos produci-

Declaración de 27 de enero de 1925:

«1.º. Nada tenemos que ver con la literatura. Pero, si es necesario, somos muy capaces de utilizarla como todo el mundo.
2.º. El surrealismo no es un medio de expresión nuevo o más fácil, ni tampoco una metafísica de la poesía. Es un medio de liberación total del espíritu y de todo lo que se le parece.
3.º Estamos [...] decididos a hacer una Revolución.
4.º. Hemos unido la palabra surrealismo a la palabra Revolución tan sólo para mostrar el carácter desinteresado, distante e incluso desesperado de esta revolución.
5.º. Nada pretendemos cambiar de los errores de los hombres, pero pensamos demostrarles la fragilidad de sus pensamientos, y también las arenas movedizas y las galerías sobre las que se han edificado sus temblorosas viviendas.
6.º. Lanzamos a la sociedad una advertencia solemne; que tenga cuidado con sus extravíos [...]: nosotros no fallaremos...
7.º. Somos especialistas de la Rebelión. No hay medio de acción que no seamos capaces de emplear... El surrealismo no es una forma poética. Es un grito del espíritu que vuelve hacia sí mismo y está completamente decidido a reducir a polvo los obstáculos. Con martillos materiales, si es preciso...»

A la larga, sin embargo, el artista –como el poeta– aceptan la sugestión de las formas y palabras precisamente como instrumento de exploración. (Miró, Interior Holandés I. *Museo de Arte Moderno, Nueva York.)*

dos de ese modo y los publican bajo el título *Los campos magnéticos:* así, aunque los surrealistas declaren no tener una específica intención estética, se echa a ver ya la manipulación literaria de ese material en bruto. Tal declaración tendría lugar en 1925, momento en que los surrealistas empiezan a estar más ocupados en la teoría de su movimiento que en su ejercicio. Una consecuencia de esa actitud reflexiva es su actitud en lo social: la revista de turno, *La Révolution surréaliste,* se plantea la exigencia de adherirse a la revolución política, aunque sea por «legítima defensa» y con un «programa mínimo». Breton, durante unos años, se hace miembro del Partido Comunista, aun advirtiendo sobre su aversión hacia los políticos. Por otra parte, en el orden de la escritura, se va abandonando el inicial rigor: Breton, que empezó abominando de la novela y de todo realismo, publica en 1928 algo remotamente afín a la narrativa, *Nadja*, así como *Le surréalisme et la peinture,* que inicia una prometedora línea editorial, aparte de clarificar las conexiones de este movimiento con la pintura –bien sea pintando sueños, con realismo académico, como Dalí, bien sea poniendo en marcha formas libres que apelen al inconsciente, como Miró–. Pero desde 1929 –Segundo Manifiesto– se echa de ver una crisis del surrealismo, en que Breton se constituye como pontífice excomulgador, queriendo restablecer la pureza inicial. Con la Segunda Guerra Mundial, Breton quedaría a la vez como continuador activo del movimiento –hasta hacerlo enlazar personalmente con el «neo-surrealismo» de los años cincuenta y posteriores–, y como historiador y archivero de los tiempos gloriosos de la vanguardia.

28/La generación española de 1927

En 1927 tuvo lugar el tercer centenario de la muerte de Góngora, el poeta que en la época del Barroco representó la más atrevida innovación de estilo y forma, por lo que no pudo ser bien valorado hasta nuestro propio siglo. Oportunamente, esa celebración fue asumida por un movimiento literario español, predominantemente de poetas, para manifestarse como tal grupo –por más que la mayoría de ellos ya habían empezado a publicar un poco antes–. El «orden de aparición en escena» de los principales de ellos vendría a ser, aproximadamente, Gerardo Diego, Federico García Lorca, Rafael Alberti, Pedro Salinas, Vicente Aleixandre, Jorge Guillén, Dámaso Alonso –el gran crítico de la generación, editor de las *Soledades* gongorinas–, y, de menos evidente pertenencia a la generación, Luis Cernuda y Miguel Hernández. (Entre sus afines hispanoamericanos, destacaron Pablo Neruda y César Vallejo.) En ellos, lo que inicialmente había sido vanguardismo con pretensiones de experimento creativo puro y absoluto, se transforma en recurso y horizonte imaginativo y lingüístico, de modo –digámoslo así– «aplicado». Por otra parte, para hablar todavía de lo común al grupo, se observa en la mayoría de ellos un cambio de clima anímico alrededor de 1930, abandonando el tono de juego –deportivo, en los términos de Ortega en *La deshumanización del arte* (1926)–, para asumir más graves responsabilidades morales, a veces incluso con militancia política. No tan mayoritariamente, también se observa entre ellos cierta tendencia a intelectualizar la poesía, con un uso de la imagen que –en terminología machadiana– es más bien «cobertura de conceptos» que impresión recordada con fugacidad única. Para aludir brevemente a cada uno de ellos, en G. Diego, más que de evolución, hay que hablar de alternancia entre varios estilos, desde el más radicalmente inserto en el «creacionis-

Una solemne misa por don Luis de Góngora inauguró los actos públicos en que la «generación del 27» se presentó corporativamente. (Gris. Portada de la revista Litoral, *n.º 5, 1927.)*

Con los años, los supervivientes de la generación dejarían casi todo su «varguardismo» para mostrarse sencillamente humanos.

De la «Oda al Santísimo Sacramento del Altar» de Federico García Lorca

Cortada su obra en plena madurez, Lorca dejó un mundo lírico donde estremecedoras sugerencias se abren paso entre brillantes imaginerías.

En página anterior, homenaje a Jorge Guillén, Madrid, 1951. De izquierda a derecha, de pie: G. Bleiberg, José María Valverde, Luis Rosales, Dionisio Ridruejo, C. Bousoño, Luis Felipe Vivanco; sentados, Gerardo Diego, Jorge Guillén, V. Aleixandre, Melchor F. Almagro y Dámaso Alonso.

MUNDO

Agnus Dei qui tollis peccata
mundi. Miserere nobis.

Noche de los tejados y la planta del pie,
silbaba por los ojos secos de las palomas.
Alga y cristal en fuga ponen plata mojada
los hombros de cemento de todas las ciudades.
La guillette descansaba sobre los tocadores
con su afán impaciente de cuello seccionado.
En la casa del muerto los niños perseguían
una sierpe de arena por el rincón oscuro.
Escribientes dormidos en el piso catorce.
Ramera con los senos de cristal arañado.
Cables y media luna con temblores de insecto.
Bares sin gente. Gritos. Cabezas por el agua.
Para el asesinato del ruiseñor venían
tres mil hombres armados de lucientes cuchillos.
Viejas y sacerdotes lloraban resistiendo
una lluvia de lenguas y hormigas voladoras.
Noche de rostro blanco. Nula noche sin rostro.
Bajo el sol y la luna. Triste noche del mundo.
Dos mitades opuestas y un hombre que no sabe
cuándo su mariposa dejará los relojes.
. . . .

mo» hasta el clásico. Lorca, en cambio, partió de la estilización de la poesía tradicional –canciones y romances, que él mismo cantaba con melodías populares–, incorporando a ella audaces imágenes, lógicamente inexplicables, pero no por ello menos impresionantes. Lorca, con todo, no siguió vinculado a lo tradicional: en *Poeta en Nueva York* introdujo un tono nuevo, entre surrealista y whitmaniano, modificado a su vez en poemas posteriores: su asesinato interrumpió su obra en plena madurez, también como dramaturgo. Por su lado, Rafael Alberti también se emancipó pronto del inicial tono de cancionero, para dar quizá el más típico libro de poesía «deportiva», *Cal y canto*, y luego entrar en la trágica crisis de *Sobre los ángeles*. Desde ahí su poesía, a menudo políticamente comprometida, disminuyó su componente vanguardista a la vez que ampliaba su temática. Mientras, Vicente Aleixandre llegaría a la cima de su vanguardismo –concretamente, en sentido surrealista– en torno a 1930, lo que no impide que probablemente lo más logrado de ella haya surgido desde la post-guerra, con intenso acento neorromántico. Otros caminos, en parte afines, iban siguiendo en tanto Salinas y Guillén; aquél, transportando la temática sentimental a un lenguaje claro, casi ingenioso en su evidencia; éste, llevando la visión poética a un éxtasis totalizador, de real y auténtica intuición ontológica –«¡Asombro de ser: cantar!»–, en la plenitud meridiana de la visión del mundo. Con todo, esta idea se refiere especialmente a su ciclo *Cántico* (1928-1945), ya que luego su poesía se hace más existencial y compleja. Caso aparte es el de Dámaso Alonso, no sólo flanqueador filológico del grupo, sino poeta por derecho propio, pero con poca adscripción a lo vanguardista, y más bien con puntos de partida más afines a los del 98. En cuanto a Luis Cernuda, aunque él negara su pertenencia al grupo, no cabe duda de que también arrancó con una poesía de toques surrealistas, hasta pasar a la romántica *tessitura* por la que es hoy justamente predilecto de nuevas generaciones; y el malogrado Miguel Hernández, muerto en la cárcel, tiene su mayor interés en la lucha de su recia humanidad con aquella estética experimental que le venía demasiado estrecha.

29/El «boom» de la narrativa hispano-americana

La irrupción, en los últimos veinte años, del llamado *boom* de la narrativa latinoamericana en el primer plano de la atención mundial, invita a considerar aparte este peculiar movimiento, bastante diferenciado de las líneas de desarrollo novelístico a que hemos aludido antes [22, 23]. La clave de su peculiaridad, sin duda, reside en que deriva de la poesía, y precisamente del modernismo [20]: así, en las dos colecciones de relatos cortos del poeta argentino Lugones, *Las fuerzas extrañas* (1905) y *La guerra gaucha* (1906), ya estaban en síntesis las dos grandes dimensiones de la posterior narrativa latinoamericana: la fantasía alucinada y el realismo de la lucha política, tanto más cruel por su refinamiento estético. Circunstancias sociales y económicas contribuyen a caracterizar esta evolución literaria: así, la relativa debilidad de la educación institucional y libresca, en contraste con el vigor del tradicional gusto oral por la poesía –sobre todo en algunos países–, lo que lleva al narrador a un sentido hablado del lenguaje; y, por otra parte, los problemas comunes que apremian moralmente al escritor, sin dejar la primacía a lo privado y lo psicológico. Formalmente, el relato breve es cauce predilecto de este desarrollo: ni aun cuando haya grandes novelas conseguirán sus autores superar sus propios logros en el reducido terreno del «cuento». Además, algunas obras clasificadas como novelas quizá no sitúen sus méritos dentro de tal categoría literaria, desde *Don Segundo Sombra* (1926), de Güiraldes. Es en la década de los años cuarenta cuando se empieza a presagiar el *boom:* entonces Borges madura su peculiar narrativa –con no pocas raíces inglesas– presentando hipótesis de fantasía, enmarcadas en fondos un tanto pegadizos, que convertirían a su autor en el más característico narrador de la mentalidad formalizadora hoy dominante: en el Homero o el Balzac de las ordenadoras electróni-

Los indios, aunque todavía dejados en su secular atraso, a veces se abren paso a una nueva conciencia, en que su tradición se hace porvenir.

Continuos intentos de levantamiento popular, no siempre frustrados, tienen eco en muchos escritores de Hispanoamérica.

El contraste entre las inmensas aglomeraciones urbanas y los vastos espacios vacíos es parte de la problemática latinoamericana.

De la carta de José María Arguedas al editor Losada, contenida en su último libro El zorro de arriba y el zorro de abajo, *anunciándole su suicidio:*

«Yo no voy a sobrevivir al libro. Como estoy seguro de que mis facultades y armas de creador, profesor, estudioso e incitador, se han debilitado hasta quedar casi nulas y sólo me quedan las que me relegarían a la condición de espectador pasivo e impotente de la formidable lucha que la humanidad está librando en el Perú y en todas partes, no me sería posible tolerar ese destino. O actor, como he sido desde que ingresé a la escuela secundaria, hace cuarenta y tres años, o nada.»

cas. Mientras tanto, la novela de realismo sangriento, a la que la Revolución mexicana (1910) ofreció un tema tardíamente aprovechado, se fue haciendo literariamente más sofisticada –así, en *El señor Presidente,* de M. A. Asturias–. La brusquedad con que se hace visible el llamado *boom* fuera de sus propios países –muy aislados entre sí–, estorba, de momento, la perspectiva cronológica: así, en el Perú, Mario Vargas Llosa (n. 1936) es reconocido en seguida como maestro –con un nítido realismo que asimila las más experimentales técnicas–, mientras que se tarda en ver que existía el gran José María Arguedas –narrador poético, identificado con los indios, cuya habla quechua encuentra peculiares ecos en su estilo, de estremecido temblor (tras ellos vendrían no pocos, como Scorza, Bryce, Ribeiro...)–. La síntesis de arte y documento adquiere especiales caracteres en México: tras la novela, progresista desde arriba, de Yáñez, y la protesta de Revueltas, Juan Rulfo logra una cima literaria en una breve novela y unos pocos cuentos (y mientras él calla, luego aparecen los Arreola, Fuentes, Del Paso, Elizondo, García Ponce, Pacheco...). Más notable es el caso de Cuba, donde los grandes que permanecen más o menos incorporados a la Revolución –Carpentier, Lezama– superan en sofisticación –e importancia– a los que dejan la isla –Cabrera, Sarduy–. La dificultad de trazar líneas de clasificación la ilustra bien García Márquez: ¿es realista, es fantástico?; ¿importa más en él la denuncia polémica o el humor lírico? Y en Venezuela, tras Uslar Pietri, Otero Silva cultiva la sátira social y Britto García crea una pequeña suma de cuentos que va desde la política a las hipótesis metafísicas. Dando un salto al Sur –pero sin olvidar al paraguayo Roa Bastos–, acaso sea Cortázar quien más manifiesta la dualidad interna que hemos señalado: su arte de dar un súbito reflejo de extrañeza a lo real coexiste con su protesta militante –que, mientras Borges y Sábato quedan a salvo, ha hecho caer a otros más jóvenes, Walsh, Conti... y exiliarse a Puig–. Más dura es la experiencia uruguaya, no sólo para el comprometido Benedetti, sino para un aparentemente minoritario como Onetti, mientras Chile ve el caso de Donoso que, aunque crítico interno de la alta burguesía, rehúye la militancia... Pero todavía sería prematuro un saldo del *boom.*

30/La situación actual y los movimientos literarios

¿Cuál es la situación actual por lo que toca a los movimientos literarios? Después de la febril renovación inventiva que hemos señalado, durante la primera treintena de años de nuestro siglo hubo una época, hasta alrededor de 1950, en que pareció establecerse una pausa, y aun, en cierto sentido, un nuevo dominio de tendencias anteriores menos renovadoras –así, realismo social en la crisis de los años treinta–. Pero la segunda post-guerra no tardó en traer cierta animación inventiva –a primera vista, en paralelo con la primera, pero, puestos a ser exactos en la cronología, aquella primera oleada vanguardista no vino después de la Primera Guerra Mundial, sino que empezó un poco antes, o a la vez. En lo literario como en lo artístico, surgía hacia 1950 una «neo-vanguardia» cuando todavía vivían no pocos maestros de la primera vanguardia, pero esta segunda ola disfrutaba de una situación más fácil: la crítica, e incluso las instituciones culturales, ya se habían acostumbrado al choque de lo nuevo, y lo consideraban, en principio, digno de ser acogido y aun elemento necesario de la vida cultural. El gran público, en cambio, todavía no se había llegado a enterar del significado de lo ocurrido hacía treinta o cuarenta años y lo podía ver como descubrimiento, pero un descubrimiento que no cabía rechazar como un absurdo, porque las autoridades críticas y educativas lo presentaban como respetable –aunque poco comprendido– y ya materia de historia literaria. Ateniéndonos a nuestro mundo inmediato, en España la situación política retardó la llegada de la neo-vanguardia, permitiendo que el sentido de la literatura como protesta y crítica social se prolongara durante toda la década de los años cincuenta –en Hispanoamérica, ese sentido protestatario supo aliarse con un refinamiento técnico derivado del vanguardismo poético, como indicamos al hablar del *boom* ←29: después, primero en Ultramar y luego en España, crece un sentido del lenguaje que cabría llamar «neo-surrealista», en cuanto que, aun dejando atrás la imaginería modernista-vanguardista, quiere usar la palabra como entrada en un ámbito de luminosidad supra-real, como «visión» y estado anímico al margen de las cuestiones cotidianas de la vida –en Hispanoamérica llega a notarse una dualidad entre poesía «visionaria» y poesía «comprometida». Sería injusto, sin embargo, negar originalidad a esta segunda ola en los movimientos literarios, tanto en el mundo hispánico como en general; aunque sean continuación, y, si se

La autoconsciencia en la escritura

«El estilo está casi más allá [de la literatura]: unas imágenes, una emanación, un léxico nacen del cuerpo y del pasado del escritor y se convierten poco a poco en los propios automatismos de su arte. Así, bajo el nombre de estilo, se forma un lenguaje autárquico que solo se sumerge en la mitología personal y secreta del autor... donde se forma la primera pareja de las palabras y de las cosas, donde se instalan de una vez para todas los grandes temas verbales de su existencia. Cualquiera que sea su refinamiento, el estilo siempre tiene algo de bruto: es una forma sin destino, es el producto de un empuje, no de una intención, es como una dimensión vertical y solitaria del pensamiento [...] El estilo es propiamente un fenómeno de orden germinativo, es la transmutación de un humor. [...] El milagro de esa transmutación hace del estilo una suerte de operación supraliteraria, que lleva al hombre al umbral del poder y de la magia. Por su origen biológico, el estilo se sitúa fuera del arte, es decir, fuera del pacto que liga al escritor a la sociedad. Se puede, así, imaginar autores que prefieran la seguridad del arte a la soledad del estilo.»

«En lo que escribe, hay dos textos. El texto I es reactivo, movido por indignaciones, miedos, respuestas interiores, pequeñas paranoias, defensas, escenas. El texto II es activo, movido por el placer. Pero escribiéndose, corrigiéndose, plegándose a la ficción del Estilo, el texto I se hace también activo: entonces pierde su piel reactiva, que solo subsiste en placas (en menudos paréntesis).»

«Se siente solidario de todo escrito cuyo principio sea que *el sujeto no es más que un efecto de lenguaje.*»

(R. BARTHES)

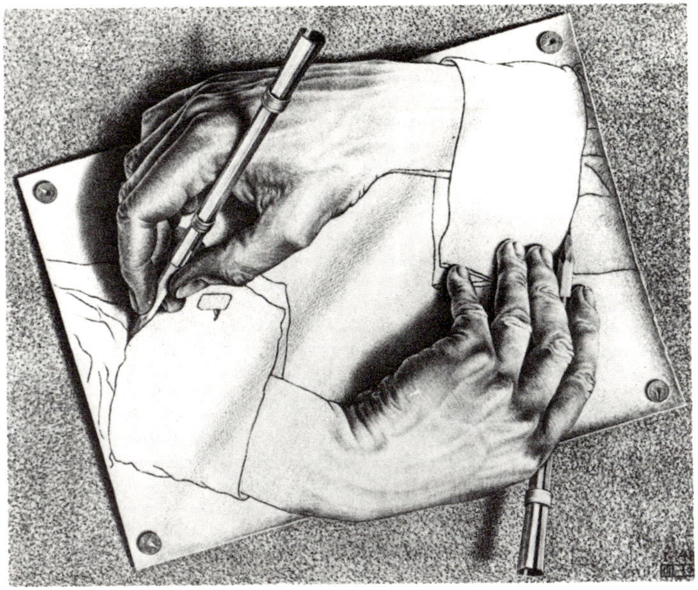

La autoconsciencia literaria: el escribir sobre el escribir –el «grafógrafo», en término de Elizondo– simbolizado en este grabado. (Escher, Manos dibujando.)

La formalización lógica de las computadoras aparece como el modelo ideal para la civilización moderna, con desprecio para la «literatura».

quiere, rumia y retorno a experiencias previas demasiado radicales para haber sido suficientemente asimiladas en tan pocos lustros, y aunque quizá estemos –en lo literario como en todo– en una época no tanto de transición cuanto de giros sobre lo hallado en el arranque del siglo XX, hay algo nuevo, que es la creciente exacerbación de la consciencia literaria sobre los límites de su propia actividad. Prescindiendo, para entender mejor esto, de la tradicional referencia a los géneros –poesía, narrativa...–, tomemos un ejemplo extremo en lo que cabría llamar el sentido estructuralista. Ahí puede haber un auténtico escritor como Roland Barthes, que en su amplia obra nunca ha hablado de *nada,* sino del escribir mismo –«escribir», llega a decir, «es un verbo intransitivo»–. La literatura se adopta como tema a sí misma: así, N. Sarraute escribe una novela sobre otra novela –que no se da al lector–. Y no son casos aberrantes: más o menos, todos los escritores actuales están siendo atacados por ese exceso de consciencia en que el escribir se dobla sobre sí mismo, analizándose conscientemente a medida que se desarrolla. (Ya Hegel había pronosticado hace siglo y medio, por exceso de espíritu, la muerte del arte, literatura incluída.) Con todo, el escritor seguirá escribiendo, a pesar de eso, y a pesar de que el mundo actual desprecia el lenguaje no-científico, que ciertos filósofos llaman «natural» –temporal, vago–: los problemas del hombre le impiden callar, y seguirá sabiendo hablar, a pesar de su excesiva autoconsciencia, a fuerza de ironía y humildad.

Bibliografía

AUERBACH, E.: *Mimesis. La representación de la realidad en la literatura occidental.* México, Fondo de Cultura Económica, 1980. Publicada en alemán en 1946, esta obra, ya clásica, sigue la evolución de los estilos descriptivos y narrativos, desde Grecia al siglo XX, seleccionando y comentando agudamente textos claves de cada etapa.

Movimientos espirituales, volumen 1.º del *Diccionario Literario Bompiani,* Barcelona, Montaner y Simón, 1967. Incluye también los «movimientos literarios» dentro del tratamiento, por orden alfabético y a cargo de diversos autores, italianos y españoles, de las principales tendencias espirituales en Occidente.

PÉREZ RIOJA, J. A.: *Diccionario de la literatura universal.* Madrid, Tecnos, 1977. Análogo al anterior, su punto de vista está más centrado en lo español.

RIQUER, M., y VALVERDE, J. M.: *Historia de la literatura universal,* 3 vols. más un vol. 4.º especial, *La literatura de Hispanoamérica).* Barcelona, Planeta, 1968-9; 1977. Profusamente ilustrada, pasa revista al desarrollo literario mundial –incluida Asia–, desde el punto de vista del aficionado a la lectura, y en conexión con los trasfondos culturales de cada época.

SHIPLEY, J. T.: *Diccionario de la literatura mundial.* Barcelona, Destino, 1962. Reúne conceptos, movimientos y autores, en útil ordenación alfabética. Completado por colaboradores hispánicos.

TORRE, G. de: *Historia de las literaturas de vanguardia,* (3 vols.) Madrid, Guadarrama (Punto Omega), 1980. Revisión de los vanguardismos del siglo XX por un autor que participó en la primera hora de ellos, como «ultraísta».

VALVERDE, J. M.: *Breve historia de la literatura española.* Madrid, Guadarrama (Punto Omega), 1969. Conciso y claro recorrido, sin notas ni aparato bibliográfico, para un lector desinteresadamente literario.

Procedencia de las fotografías

• *Algar/Salmer,* Barcelona: 41a. • *Alianza Editorial,* Madrid: 43a. ○ *Barral Editores,* Barcelona: 48a. • *Bevilacqua/Salmer,* Barcelona: 8, 14a, 31a. • *Biblioteca y Museo Historicomédicos,* Valencia: 17c. • *E. Dulevant/Salmer,* Barcelona: 17b. • *Embajada de la República de Irlanda,* Madrid: 47. • *Europa Press,* Madrid: 9c, 49. • *Flash Press,* Madrid: 61a-b. • *Fototeca Internacional,* Madrid: 41b. • *A. García Pelayo,* Madrid: 9a, 23c, 51a, 60. • *F. Gutiérrez,* Madrid: 44. • *J. Novak/Salmer,* Barcelona: 63b. • *Novosti,* Madrid: 38b, 39a-b. • *Nuño/Edit. Planeta,* Barcelona, 58b. • *Oronoz,* Madrid: 5, 11c, 12, 13a, 15a-b, 16, 19a, 26, 29b, 30, 33, 40, 45a, 46a, 50b, 56. • *C. O'Sughrue/Arch. Salvat,* Madrid: 36. • *PHOTRI/Salmer,* Barcelona: 52. • *Edit. Planeta,* Barcelona: 29a, 48b. • *Salmer,* Barcelona: 22, 34, 42, 45b, 54. • *Scala/Salmer,* Barcelona: 6b, 14b, 37. • *Archivo Salvat,* Barcelona-Madrid: 4, 6a, 7, 9b, 10a-b, 11a-b, 13b, 17a, 18, 19b, 21a-b, 23a-b-d, 24a-b, 25, 27a-b, 28, 31b-c, 32, 35a-b, 38a, 43b, 46b, 50a, 51b, 53a-b, 55, 57, 58a, 59, 63a.